Lösungen

1,1 1. murus 2. strata 3. theatrum 4. tegula 5. persicum 6. cista 7. fundamentum 8. porta

1,2 1. Filius, ancilla, dominus, *domina, servus, filia* bilden die *familia.*
2. Gaius schimpft: "*Quis canit* denn da so laut?"
3. "Die viele *labor* im Garten *placet* mir gar nicht."

1,3 1. *non* hinzufügen 2. *non* hinzufügen (*non* dolet) 3. *nam* streichen

1,4 dicit – er sagt; servus – Sklave; et – und; saepe – oft; fallit – er täuscht; labor – Arbeit; spes – Hoffnung; imperat – er befiehlt; domina – Herrin; currit – sie läuft; venit – sie kommt; dominus – Herr; filia – Tochter; canit – sie singt; vocat – er ruft; nam – denn; gaudet – sie freut sich; vincit – er siegt.

1,5 1. *quis* ist kein Verb. 2. *vincit* ist kein Verb des Sagens. 3. *dicit* bezeichnet kein Gefühl. 4. *labor* ist kein Mensch.

2,1 1. Equus fugit. 2. Cornelia intrat. 3. Syrus *cibum* apportat. 4. Gallus canit. 5. Paula laborat. 6. Dominus *servum* vituperat. 7. Valeria *villam* intrat. 8. Servus *Marcum* videt. 9. Syrus *equum* capit. 10. Filia gaudet.

2,2 1. Gallus in *villam* fugit, nam Marcus *gallum* terret. 2. Domina *ancillam* vituperat. 3. Tum Marcus *cibum* apportat et *gallum* vocat. 4. Sed gallus *Marcum* timet, non venit.

2,3

Subjekt:	gallus; orator; cena; villa; labor; domina.
Akk.Obj.:	aulam; spem; equum; victorem.
adv.Best.:	per portam; in hortum; tum; saepe; ad aulam; quo.
Prädikat:	volat; amittit; placet; paret.

2,4 1. *aula* ist kein Lebewesen. 2. *cena* ist kein Bestandteil des Gutshofes. 3. *orator* ist kein Mitglied der familia.

3,1

magnam fenestram	parvum hortum
laborem totum	spem unam
oratorem bonum	servum unum
diem novum	amicum bonum
horam unam	diem festum

3,2 1. Cornelia fabulam *libenter* narrat. 2. Marcus amicum *saepe* visitat. 3. Gaius *hodie* non laborat. 4. Syrus currit, *statim* cenam apportat. 5. Cornelia *semper* gaudet et canit. 6. *Tum (Ita)* equus in hortum currit.

3,3 1. Gallus libenter cibum bonum devorat. 2. Marcus saepe per campum ambulat. 3. Orator deum celebrat. Gaius oratorem audit. 4. Cornelia parvam columbam ad amicam portat.

3,4

Subjekt:	amica; campus.
Attribut:	unus; malam.
Akk.Obj.:	ianuam; diem; cibum.
adv.Best.:	ita; totum diem; valde; tum; per fenestram; statim.
Prädikat:	nova est; clamat; capit; salutat; timet.
PN:	nova; amica; campus.

4,1

rident	locos	iucundae
orant	res	spectant
totas	parvi	oratores
dies	victores	vident
fabulae	fenestras	novi

4,2 1.a) Servi magnos equos per campum agunt. 1.b) Equi magnas arbores in aulam trahunt.
2.a) Amici et amicae hodie laeti sunt. 2.b) Valeria per hortum venit, aulam intrat.

4,3 1. 2. *tum* ("dann; darauf") weist auf die zeitliche Reihenfolge hin: Erst sind Marcus und Lucius gekommen, später Cornelia und Iulia. 3. *nunc* ("jetzt; nun") stellt den zeitlichen Zusammenhang her: Nachdem alle versammelt sind, fängt Paula an.

2. Das Fehlen von verbindenden Wörtern zwischen den Teilsätzen deutet auf die schnelle Reaktion des Hausherrn hin: Er sieht, daß Paula, anstatt zu arbeiten, herumsteht und erzählt, öffnet das Tor und stürmt in den Hof.

4,4 1. itaque 2. postea 3. statim 4. nam

4,5 Cornelia ferias agit.

5,1

ludere	vincere	agere
laborare	gaudere	audire
spectare	canere	esse
agere	caedere	parere
salutare	venire	fugere
fallere	dicere	esse

5,2 1. Der Vater ruft *seinen* Sohn. 2. Cornelia bittet *ihren* Vater. 3. Gaius befiehlt *seinem* Sklaven, das Essen zu bringen. 4. Gaius besteigt *sein* Pferd. 5. Die Mutter fordert *ihre* Tochter auf zu kommen. 6. Die Kinder sind traurig, daß *ihr* Vater krank ist.
Im Lateinischen wird das Possessivpronomen nicht gesetzt, wenn die Beziehung selbstverständlich ist.

5,3 1. Marcus *Lucium per hortum venire* videt. 2. Syrus *gallum saepe canere* audit. 3. Pater *Marcum et Lucium saepe per campum equitare* videt. 4. Mater gaudet, nam *equum Marcum et Corneliam per aulam portare* videt.

5,4

sagen:	narrare; dicere.
veranlassen/verbieten:	iubere; sinere; vetare; cupere.
wahrnehmen:	audire; videre; conspicere.
wissen/denken:	scire.
empfinden:	gaudere; dolere.

5,5

mater bona	multos convivas	multas mensas	victorem laetum
medici boni	horas vespertinas	parvos lectos	matrem aegrotam
patres severos	locum novum	parvas filias	ianuae apertae
labor novus	diem totum	fenestras apertas	magni oratores

6,1

puero parvo	diebus cunctis	oratoribus aegrotis
medico bono	hasta longa	liberos multos
venatores laetos	laetitiam magnam	flores alios
conviva alio	fenestra aperta	fabulis longis

6,2 1. modalis 2. instrumentalis 3. sociativus 4. instrumentalis 5. instrumentalis 6. modalis

6,3

Importkaufmann – portare	Totalausverkauf – totus	Arztvisite – visitare
Terrorist – terrere	salutieren – salutare	Videofilm – videre
kapieren – capere	Vokal – vocare	Vokabel – vocare
dominieren – dominus	Halbfinale – finire	multikulturell – multi

6,4 *considere* ist kein Verb, das Bewegung bezeichnet.
dolere bezeichnet keine Tätigkeit, sondern ein Gefühl.
tumulus ist kein Adjektiv.
vocare ist kein Verb der Wahrnehmung.
flores gehört nicht zur e-Deklination.

7,1

agricola, agricolis	decima, decimis	calore, caloribus
die, diebus	ludo, ludis	clamore, clamoribus
patre, patribus	flore, floribus	hasta, hastis
arbore, arboribus	matre, matribus	aperta, apertis
vico, vicis	fabula, fabulis	re, rebus
tota, totis	victore, victoribus	conviva, convivis

7,2 Ablative sind: cibis; aula; hortis; victore; gallo; nova; diebus; malis; qua re; deo; oratore; spe; venatore; fenestra; longis; loco; locis.

7,3
Subjekt: decima hora; umbra; calor; spectatores; hasta; flores.
Akk.Obj.: agricolam; servos e campo venire; senatores in curiam properare; spectatores; consules rem publicam administrare; flores; senatorem de re publica orare; Romam.
adv.Best.: decima hora (als Ablativ); umbra (als Ablativ); sub arbore; cum venatoribus; e villa; in horto; cum conviva; hasta (als Ablativ); calore; celeriter; meridie; in circum; ex horto; de tumulo; cum patre; in arborem; tum; libenter; post meridiem; Romam.
Attribut: magnis; multos; alios; multae; parvo; longa; longi.
Prädikat: sedent; cadunt; colligit; agunt; adsunt.

7,4 1. *nam* ("denn") erklärt, warum die Zuschauer schon früh in den Zirkus gekommen sind: sie können den Beginn der Spiele kaum abwarten. Deswegen *tandem*: "endlich" geht es los. – *statim* : "sofort" nach Erscheinen der ersten Wagen erhebt sich das Geschrei der Zuschauer.
2. Es fehlen verbindende Wörter wie *et* zwischen den drei Akkusativobjekten. Das deutet an: Es muß schnell gehen; Tiere, tote oder verletzte Menschen, zerbrochene Wagen werden schnell aus dem Wege geräumt.

7,5 1. Gaius *cum liberis* in circo considit. 2. Spectatores ludos *magno cum clamore* exspectant. 3. Marcus aurigam cadere *magno cum timore* videt. 4. Liberi simiam in carro sedere *magna cum laetitia* vident. 5. Meridie liberi *magno calore* fatigantur. 6. Dominus et domina convivas *cena bona* delectant.

8,1

wir fordern auf	der zehnte	Feld
wir besuchen	Essen/mit einer Mahlzeit	bringe herbei!
Lanze/mit einer Lanze	betrachte!	Wald
rufe!	Herrin	so
ihr lobt	ihr sammelt	mit Lanzen
ihr geht spazieren	ihr spielt	den geöffneten
ihr zieht	den fröhlichen	ihr singt
sammle!	gut	(mit) dem Konsul
dich	am Mittag	fliehe!
am Tage	fürchte!	durch die Sache

8,2 Consules senatores saepe in curiam vocant et de re publica consulunt.

8,3

1. Consul	cum collega	rem publicam	Romanam	administrat.
Subjekt	adv.Best.	Akk.Obj.	Attribut	Prädikat
2. Consul	senatores	saepe	in curiam	vocat.
Subjekt	Akk.Obj.	adv.Best.	adv.Best.	Prädikat
3. Ibi	de re publica	orant et	consulunt.	
adv.Best.	adv.Best.	Prädikat	Prädikat	
4. Decima hora	Gaius	cum liberis	in circo	considit.
adv.Best.	Subjekt	adv.Best.	adv.Best.	Prädikat
5. Tum	magna cum laetitia	ludos	exspectant.	
adv.Best.	adv.Best.	Akk.Obj.	Prädikat	

8,4 Cornelia und Iulia fragen Syrus um Rat

Cornelia: Die Römer sind schlechte Männer. Warum lassen sie die kleinen Jungen auf dem Marsfeld dabeisein, Frauen aber nicht? *Iulia:* So geht es in Rom zu: Es befehlen immer die Männer, die Frauen gehorchen. Gerecht ist das nicht! *Cornelia*: Du, Syrus, bist ein guter Mann; du weißt viele Dinge. Dich fragen wir: Was sagst du dazu? *Syrus*: Mädchen, ihr wißt, daß ich Sklave bin, kein römischer Mann. Ich scheue mich, über römische Angelegenheiten zu sprechen. Aber ich weiß, daß bei vielen Völkern einst Frauen regiert haben. *Iulia:* Warum verwalten nicht auch jetzt Frauen den römischen Staat? *Cornelia:* Das wäre besser, denn es steht fest, daß Frauen keine Kriege lieben. Die Frauen werden alle Kriege beenden. *Syrus:* Vielleicht, ihr Mädchen. *Iulia:* Du, Syrus, komm doch mit uns aufs Marsfeld! Auch wir wollen die Konsuln, die Kurie und die Senatoren sehen. *Syrus*: Da müssen wir vorher den Vater fragen, Iulia. *Cornelia*: Immer dasselbe! Es befehlen die Männer, die Frauen parieren!

9,1 Einzusetzen sind: 1. invitatur 2. auditur 3. adiuvari 4. amat 5. inscribuntur (et) leguntur 6. inscribunt 7. interrogant

9,2 Passivformen sind: nominor; interrogor; spector; vocor; invitor; vincor; laudaris; caperis; oraris; videris; fatigaris; prohiberis; vexaris.

9,3

Gutshof:	equus; hortus; porta; ianua; villa; gallus; aula; columba; fenestra; mensa; lectus; flos; agricola; murus.
Zeitangaben:	quotannis; mane; decima hora; meridies; meridie; vesper; sub vesperum; diu; quamdiu?; hodie; quando?.
Staat:	populus; consul; creare; res publica; collega; administrare; senator; consulere; curia; candidatus; proletarius; censere; nominare; tabella.
Ortsbewegung:	ducere; properare; appropinquare; conscendere; equitare; ascendere; ambulare; visitare; apportare; intrare; currere.

9,4 1. *collega* ist maskulin. 2. *consulor* ist kein Substantiv. 3. *columba* ist kein Mensch. 4. *pueris* ist kein Verb. 5. *fatigare* ist kein Verb der Ortsbewegung.

10,1

Substantiv:	muro; candidato; viro; meridiei; consuli; carri; duci; rei; vicini; clamori; pueri; patri.
Pronomen:	nostro; vestro; tibi; mihi; cui.
Adjektiv:	vicini; publici.
Adverb:	subito; domi; ibi.
Verb:	duco; censeo; consulo; debeo; impero; ignoro; ducimini; duci; administrari; parari; finiri.

10,2 Einzusetzen sind: 1. liberis 2. patrem – me – Iuliam – nos 3. consules – rei publicae 4. candidatum 5. proletarios – nos.

10,3 1. Man spielt im Hof. 2. Man sagt. *oder* Es heißt. 3. Man erzählt. 4. Man setzt sich unter dem Baum nieder. 5. Man besteigt den Hügel. 6. Man säubert den Kampfplatz. 7. Frühmorgens steht man auf.

10,4 1. parvus equus 2. Titus avunculus 3. sub vesperum 4. columbae 5. post meridiem 6. magnas arbores 7. camelus 8. ad aram.

11,1

imperator clarus	parva soror	dies novus	pater noster
imperatoris clari	parvae sororis	diei novi	patris nostri
imperatori claro	parvae sorori	diei novo	patri nostro
imperatorem clarum	parvam sororem	diem novum	patrem nostrum
imperatore claro	parva sorore	die novo	patre nostro
imperatores clari	parvae sorores	dies novi	patres nostri
imperatorum clarorum	parvarum sororum	dierum novorum	patrum nostrorum
imperatoribus claris	parvis sororibus	diebus novis	patribus nostris
imperatores claros	parvas sorores	dies novos	patres nostros
imperatoribus claris	parvis sororibus	diebus novis	patribus nostris

11,2 sororis – diei – pastor/pastorem
annum – uxori/uxore – tabellae/tabella
candidatus – collegam – consulis
res/rem – agricola – spectatoris
puer – mensa – arboris

11,3 res magnae diei festi acies longas rei parvae spe nova dierum festorum

11,4

Sklavenarbeit	Festtag
Kindergeschichten	Abendstunde
Kindergeschrei	Gartentür

11,5 1. lupa 2. Mars deus 3. Larentia 4. Pompeius 5. feriae

12,1 Philodemus, ein griechischer Kaufmann, legt seine Waren vor

Der griechische Seemann Philodemus segelt in viele Länder und zu vielen Inseln, denn er ist Kaufmann. Das Schiff des Kaufmanns Philodemus faßt viele Waren. Oft segelt er nach Italien. Heute fährt Philodemus auf dem Tiber. Er läßt sein Schiff am Ufer des Flusses anlegen und befiehlt seinen Sklaven, viele schöne Waren zum Dorf des Gaius zu tragen. Marcus und Cornelia laufen mit den Nachbarn zum Ufer. Cornelia begrüßt die fremden Männer und fragt: „Guten Tag! Woher kommt ihr? Was bringt ihr uns?" Philodemus antwortet: „Guten Tag, Mädchen! Wir kommen aus Griechenland, ich bin Kaufmann. Wir bringen euch viele schöne Dinge. Ruft euren Vater!" Marcus meldet seinem Vater, daß ein griechischer Kaufmann da ist. Gaius kommt sogleich. Der Kaufmann begrüßt den Hausherrn und legt seine Waren vor. Ein bunt besticktes Kleid gefällt Cornelia sehr. Sie bittet den Vater: „Siehst du nicht, Vater? Kauf mir doch das Kleid! Es ist schön." Dem Vater gefällt es zwar nicht. Dennoch kauft er das Kleid. Das Mädchen bedankt sich beim Vater. Aber Marcus, der Bruder, mault: „Immer dasselbe: Die Frauen haben Wünsche, die Männer gehorchen."

12,2

Adjektiv:	Graecus; Graecus; multas; multas; multas et pulchras; ignotos; multas; pulchras; Graecum.
Substantiv:	mercator; nauta Graecus; mercatoris; fluvium; frater.
Gen. poss.:	Philodemi mercatoris; fluvii; Gai.

12,3 1. orator clarus – oratores clari – oratorum clarorum – oratoribus claris – oratori claro – oratorem clarum – oratore claro – oratoribus claris – oratores claros – oratores clari – orator clarus

2. frater malus – fratres mali – fratrorum malorum – fratribus malis – fratri malo – fratrem malum – fratre malo – fratribus malis – fratres malos – fratres mali – frater malus

3. dies festus – dies festi – dierum festorum – diebus festis – diei festo – diem festum – die festo – diebus festis – dies festos – dies festi – dies festus

4. parva soror – parvae sorores – parvarum sororum – parvis sororibus – parvae sorori – parvam sororem – parva sorore – parvis sororibus – parvas sorores – parvae sorores – parva soror

5. conviva laetus – convivae laeti – convivarum laetorum – convivis laetis – convivae laeto – convivam laetum – conviva laeto – convivis laetis – convivas laetos – convivae laeti – conviva laetus

12,4

ancilla – servus	dominus – domina	parvus – magnus
dolere – gaudere	imperare – parere	amittere – invenire
malus – bonus	magnus – parvus	amicus – amica
mater – pater	post – ante	puer – puella
interrogare – respondere	filia – filius	scire – nescire

13,1 1. puer laetus – pueri laeti – puerorum laetorum – pueris laetis – puero laeto – puerum laetum – puero laeto – pueris laetis – pueros laetos – pueri laeti – puer laetus

2. mater bona – matres bonae – matrum bonarum – matribus bonis – matri bonae – matrem bonam – matre bona – matribus bonis – matres bonas – matres bonae – mater bona

3. liber meus – libri mei – librorum meorum – libris meis – libro meo – librum meum – libro meo – libris meis – libros meos – libri mei – liber meus

4. flos pulcher – flores pulchri – florum pulchrorum – floribus pulchris – flori pulchro – florem pulchrum – flore pulchro – floribus pulchris – flores pulchros – flores pulchri – flos pulcher

5. pater severus – patres severi – patrum severorum – patribus severis – patri severo – patrem severum – patre severo – patribus severis – patres severos – patres severi – pater severus

13,2 1. *Quis* tabulam Europae apportat? 2. *Ubi* equi carros trahunt? 3. *Cuius* villa in tumulo sita est? 4. *Unde* Titus miles venit? 5. *Quem* Marcus in aula videt?

13,3 1. Liber *Corneliae* pulcher est. Cornelia in libris *suis* libenter legit. 2. Vicinus equum *suum* quaerit. Syrus equum *vicini* in horto *domini* videt. ... Vicinus equum *suum* ex horto *Gai* agit. 3. Faustulus de vita *sua* non timet, ... Ita vitam *puerorum* servat.

13,4 *iam*: Sie stehen schon da, bevor der Triumphzug kommt. *interea* besagt, daß gleichzeitig mit dem Warten der Zuschauer die Soldaten sich auf dem Marsfeld zum Abmarsch aufstellen. *tum* besagt, daß die Soldaten nach der Aufstellung losmarschieren. *post* ("später"): Nach längerem Anmarsch bis zur Stadtmitte hören die Zuschauer die Trompeten, "endlich" (*tandem*) trifft der Zug ein.

14,1 1. deliberavimus — finiverunt
rapuisti — aedificavit
complevimus — fui
monuit — nescivi
convocaverunt — numeravisti
fuerunt — prohibuerunt
finivisti — fatigavit
vetui — censuit
fuisti — cupivimus
scivit — aperuimus

14,2 2. cupis — audit
rapiunt — mones
supero — sumus
vetat — existimant
ignoras — iurgant
censemus — finio

14,3

Subjekt:	libri; mariti; viri; cuncti; cibi.
Attribut:	libri; mei; aciei; viri; cuncti; bonorum.
Dat.Obj.:	mulieri; fratri; aciei.
adv.Best.:	heri; domi.
Prädikat:	cupivi; deliberavisti; docui; veni.

14,4 1. Sabini 2. tabernae 3. Capitolium 4. Europa 5. Britannia 6. Syria 7. murus Romae

14,5

Frust – frustra	liberal – liber	Sozialdemokratie – socius
Sakrament – sacer	minimal – minimus	Ignoranz – ignorare
kontrovers – contra	Navigation – navigare	Territorium – terra
kurieren – cura	prima – primus	konservieren – servare

15,1 1. Domina ignorat *ancillam caseum in fenestra posuisse*. 2. Corvus videt *caseum in fenestra iacere*. 3. Vulpecula scit *corvum caseum e villa rapuisse*. 4. Ancilla credit *caseum de fenestra cecidisse*. 5. Vulpecula non ignorat *corvum in arborem volavisse*. 6. Corvus ignorat *vulpeculam sub arbore stare*. 7. Vulpecula addit *corvum bestiam stultam esse*.

15,2

soror vestra	leo saevus	nauta bonus
sororis vestrae	leonis saevi	nautae boni
sorori vestrae	leoni saevo	nautae bono
sororem vestram	leonem saevum	nautam bonum
sorore vestra	leone saevo	nauta bono
sorores vestrae	leones saevi	nautae boni
sororum vestrarum	leonum saevorum	nautarum bonorum
sororibus vestris	leonibus saevis	nautis bonis
sorores vestras	leones saevos	nautas bonos
sororibus vestris	leonibus saevis	nautis bonis

15,3

Substantiv:	meridiei; ludi; oculi; socii; mulieri; amici; diei; timori.
Adjektiv:	ceteri; incauti; multi; siti.
Pronomen:	vestri; cui; mihi; tibi; tui.
Adverb:	ibi.
Verb:	fatigari; prohibui; cecini; posuisti; poni; excitari; cecidi; monui; audi; veni; nesciri; docui; dolui; amari; timeri.

15,4 Die letzte Spalte lautet: magistrorum – docuimus – provinciae /provinciis – salvis – compleverunt – addidi – pennis – leones – paratur.

15,5 Additionsmaschine – addere
Sozietät – socius
Extremist – extremus
memorieren – memoria
zensieren – censere
Konkurrenz – concurrere
Quadrat – quattuor
Demonstrant – monstrare
glorifizieren – gloria
Literatur – littera
Nihilist – nihil
kontrovers – contra
Korrespondenz – respondere
Militarismus – miles
Feminismus – femina

16,1 moneo – monebam – *monui*
ponitis – ponebatis – posuistis
condidunt – *condebant* – condiderunt
colimus – *colebamus* – coluimus
abes – *aberas* – afuisti
credo – credebam – *credidi*
rapit – *rapiebat* – *rapuit*
respondetis – *respondebatis* – respondistis
quaerunt – quaerebant – *quaesiverunt*

16,2 Einzusetzen sind: 1. apparuit (Perfekt wegen *subito*) 2. stabat (et) tacebat (Imperfekt wegen *diu*) 3. advocavit (Perfekt wegen *tandem*) 4. narravit und confirmavit (Perfekt wegen *postea*) 5. habebant (Imperfekt wegen *semper*)

16,3 1. tuba 2. Ilia 3. oceanus 4. captivi 5. tabernae 6. Sabinae 7. senatores

16,4 1. Lucius läßt sich von einem wilden Tier erschrecken

Marcus: Sag, Syrus: Wo ist unser Esel? Ich sehe den Esel weder im Hof noch im Garten. Ist er etwa in den Wald gelaufen? *Syrus*: Ich glaube, der Esel ist aus dem Hof gelaufen, Marcus. Sieh: Die Hoftür steht offen. Der Esel ist weg. – Was wird der Herr sagen? Ich habe Angst vor dem Herrn. *Marcus:* Vater weiß nicht, daß der Esel fort ist. Komm mit mir, Syrus! Wir suchen den Esel im Wald. *Lucius:* (Kommt in großem Schrecken angelaufen.) Hilfe! Versteckt euch alle im Haus! *Syrus*: Was ist los? Warum fürchtest du dich, Lucius? *Lucius*: Ein großer Löwe ist im Wald und war hinter mir her. Ich habe den Löwen brüllen gehört! *Cornelia*: Löwen gibt es nicht in unseren Wäldern. Löwen leben in Afrika. Wovor hast du Angst, Lucius? *Syrus*: Kommt mit mir in den Wald, Kinder! (Sie kommen imWald an.) *Lucius*: Dort hat der Löwe mich überfallen. *Cornelia*: Hat er dich etwa gefressen? *Lucius*: Er hat mich nicht gefressen, aber … *Der Löwe*: I – AHH! I – AHH! *Lucius*: Hilfe! Der Löwe kommt wieder näher. Lauft weg! *Syrus*: (lacht) Ich sehe den Löwen. Unseren Löwen kenne ich gut. Der Löwe hat Eselsohren. Du da, Löwe! Komm mit uns in den Hof. Dein Herr wartet auf dich. (Alle lachen und gehen mit dem Esel nach Hause.)

2. Text 15, A1 ist wegen seiner märchenhaften Züge als *Fabel* erkennbar: Kein Esel würde sich ein Löwenfell über den Kopf ziehen. Tiere, die mit Löwen zu tun haben, würden sich von einer solchen Attrappe schwerlich täuschen lassen, Menschen erst recht nicht. – Die Geschichte 16,4 im Übungsheft ist dagegen glaubhaft. Ein ängstliches Kind, allein im Wald, kann durchaus durch die laute Stimme eines Tieres, das es dort nicht vermutet, erschreckt werden und sich in der Phantasie Gefahren ausmalen. Bei diesem Text handelt es sich um eine *Erzählung,* einen *Bericht.*

17,1

Substantiv:	penna; praeda; amicis; mulieris; patris; patriis; dolis; militis; muris; spectatoris.
Adjektiv:	clara; libera; stultis; sacris; ignotis.
Pronomen:	tua; nostra.
Adverb:	antea; ita; frustra; postea.
Verb:	lauda; da; libera; serva; venis; monuistis; deestis; reperis; oneratis; ignoratis.

17,2 1. Die Gäste des Freundes sagen: „Auf Wiedersehen!“ *oder* Die Freunde des Gastes sagen: „Auf Wiedersehen!“ 2. Er lud den Freund des Seemannes zum Essen ein. 3. Ihr macht uns Freude mit euren Geschichten. 4. Warum hast du dir dort nicht eine Menge Essen gesucht? 5. Der Mut des römischen Volkes wird durch Romulus gestärkt.

17,3 1. Amici, *quod morbo prohibentur,* ad cenam non veniunt. 2. Romani et Sabini, *ubi mulieres accurrerunt,* pugnam finiverunt. 3. Cicada, *ubi cibus defuit,* formicam oravit. 4. Tota familia, *postquam laborem finivit,* aulam intravit. 5. Romulus, *quod hostes timet,* murum aedificari iubet. 6. Mercatores Graeci, *quod oceanum non timebant,* ad Britanniam navigaverunt.

17,4 *Substantive, die Menschen bezeichnen:* filius; filia; ancilla; dominus; domina; servus; victor; orator; puella; mater; pater; familia; conviva; medicus; puer; amicus; amica; venator; agricola; spectator; populus; vicinus; consul; vir; femina; mulier; collega; senator; candidatus; proletarius; avunculus; soror; miles; imperator; hostis; copiae; captivus; gemini; pastor; uxor; frater; magister; nauta; incola; maritus; homo; mercator.

Substantive, die Tiere bezeichnen: gallus; columba; equus; lupus; lupa; asellus; leo; corvus; vulpecula; cicada; formica.

Wörter, die Denken und Wollen bezeichnen: imperare; cupere; scire; orare; iubere, prohibere; censere; cognoscere; nescire; audere; ignorare; non ignorare; existimare; deliberare; postulare; credere; dubitare.

Wörter, die zum Wortfeld Staat gehören: populus; consul; res publica; collega; senator; curia; consulere; candidatus; proletarius; creare; administrare; provincia; triumphus; socius; regnare; honor.

Wörter, die zum Wortfeld Militär gehören: miles; legionarius; imperator; victoria; hostis; insidiae; pugna; acies; instruere; pugnare; captivus; murus; triumphus; praeda; socius; armatus.

18,1

nomen	nomini	nomina	*nominibus*
forum	fora	poeta	*poetae / poetas*
recitamus	recitant	*recitavimus*	recitaverunt
maximi	*maximus/ maximum*	hiemes	hiemem
templa	templis	*templum*	templo
praebeo	*praebemus*	*praebui*	praebuimus
mercatores	mercatoribus	mercator	*mercatori / mercatore*
dubitabatis	dubitate	*dubitabas*	dubita
novi	antiquus	inimici	*amicus*
adfuisti	defuisti	scis	*nescis*
dominos	dominas	*fratres*	sorores
antea	*postea*	sine	cum

18,2

Substantiv:	rostra; tempora; opera; littera; operum; temporum; animum; militum; spectatorum; virum.
Adjektiv:	maxima; antiqua; ignota; pulchra; libera; sacrum.
Pronomen:	meum.
Präposition:	cum.
Adverb:	antea; frustra; interea; ita; postea; interdum; nondum; tum.
Subjunktion:	cum; dum.
Verb:	dubita; ignora; libera; absum; sum.

18,3

opus maximum	carmen longum	nomen clarum
operis maximi	carminis longi	nominis clari
operi maximo	carmini longo	nomini claro
opus maximum	carmen longum	nomen clarum
opere maximo	carmine longo	nomine claro
opera maxima	carmina longa	nomina clara
operum maximorum	carminum longorum	nominum clarorum
operibus maximis	carminibus longis	nominibus claris
opera maxima	carmina longa	nomina clara
operibus maximis	carminibus longis	nominibus claris

18,4

poetisch – poeta	optimal – optimus	maximal – maximus
Tempo – tempus	Antiquariat – antiquus	operieren – opus
rezitieren – recitare	nominieren – nomen	Salto – saltare
konfirmieren – confirmare	evakuieren – vacuus	honorieren – honor

18,5 1. Die Nachbarn erzählen, daß die Hirten den bösen Onkel der Zwillinge bestrafen.
2. Die Zwillinge sind die Söhne des Gottes Mars und der Ilia, der Tochter des Großvaters der Zwillinge.

19,1 1. reges severi – rex severus – regis severi – regi severo – regibus severis – reges severos – regibus severis – rege severo – regem severum – rex severus – reges severi

2. civitates saevae – civitas saeva – civitatis saevae – civitati saevae – civitatibus saevis – civitates saevas – civitatibus saevis – civitate saeva – civitatem saevam – civitas saeva – civitates saevae

3. leges novae – lex nova – legis novae – legi novae – legibus novis – leges novas – legibus novis – lege nova – legem novam – lex nova – leges novae

4. senatores Romani – senator Romanus – senatoris Romani – senatori Romano – senatoribus Romanis – senatores Romanos – senatoribus Romanis – senatore Romano – senatorem Romanum – senator Romanus – senatores Romani

5. tempora longa – tempus longum – temporis longi – tempori longo – temporibus longis – tempora longa – temporibus longis – tempore longo – tempus longum – tempus longum – tempora longa

19,2

1. Aetate	Romuli	regis	imperium	populi	Romani	augebatur.
adv.Best.	Attribut	Appos.	Subjekt	Attribut	Attribut	Prädikat

2. Populus	Romanus	regem	ultimum,	quod	malus	et	severus	erat,	
Subjekt	Attribut	Akk.Obj.	Attribut	Konn.	PN	Konn.	PN	Prädikat	
e civitate	pepulit.								
adv.Best.	Prädikat								

3. Senatores	plebi	Romano	libertatem	rapere	cupiebant.
Subjekt	Dat.Obj.	Attribut	Akk.Obj.	Akk.Obj.	Prädikat

19,3 1. „Pellite regem!“ 2. superbiam 3. libertatem suam 4. contra leges 5. foro in tabulis

20,1

videtis – vidistis	lego – lexi	vivere – vixisse
gerimus – gessimus	mittunt – miserunt	dicere – dixisse
capio – cepi	cupio – cupivi	defendimus – defendimus
metuit – metuit	iubes – iussisti	venitis – venistis
additis – addidistis	currere – cucurrisse	vivimus – viximus
colere – coluisse	vincunt – vicerunt	video – vidi
consulimus – consuluimus	desino – desii	gerunt – gesserunt
pellit – pepulit	stare – stetisse	cognosco – cognovi

20,2 1.a) Paris ludis Troianorum interfuit et multos Troianos vicit. 1.b) Pastores parvum puerum in silva invenerunt.
2.a) Priamus servum puerum necare iussit. 2.b) Servus, quamquam regem metuit, puerum non necavit.

20,3 Die Vorsilbe ad- bedeutet „heran-, hinzu-, dabei-, hinauf-“. adducere – heranführen; adesse – dasein, „bei“stehen; advocare – herbeirufen; addere – hinzufügen; adorare – anbeten (man wendet sich an den Gott); adiuvare –„bei“stehen, helfen; ascendere – hinaufsteigen.

20,4 1. *paulo* ist kein Wort, das eine Beziehung zur Zeit hat. 2. *victoria* ist weder ein Mensch noch (im Lateinischen) der Name eines Menschen. 3. *laus* ist kein Tier.

21,1

Decimo	anno	Graeci	Troiam	expugnaverunt.	Decimo	anno	Troia	a Graecis	expugnata est.
Attr.	adv.Best.	Subj.	Akk.Obj.	Prädikat	Attr.	adv.Best.	Subj.	adv.Best.	Prädikat

1. Sacerdos	Troianos	severis	verbis	monuit.	Troiani	a sacerdote	severis	verbis	moniti sunt.
Subj.	Akk.Obj.	Attr.	adv.Best.	Prädikat	Subj.	adv.Best.	Attr.	adv.Best.	Prädikat

2. Sino	portas	oppidi	aperuit.	Portae	oppidi	a Sinone	apertae sunt.
Subj.	Akk.Obj.	Attr.	Prädikat	Subj.	Attr.	adv.Best.	Prädikat

3. Omen	malum	Troianos	timore	complevit.	Troiani	omine	malo	timore	completi sunt.
Subj.	Attr.	Akk.Obj.	adv.Best.	Prädikat	Subj.	adv.Best.	Attr.	adv.Best.	Prädikat

21,2 1. Tandem Sino *viros armatos* ex equo liberavit. 2. Milites diu in equo sedebant et *noctem* exspectabant. 3. Mercurius *malum aureum* monstravit. 4. Postquam Paris *Helenam* rapuit,

Graeci ad litus Asiae navigaverunt. 5. Priamus *oppidum* in Asia situm regebat. 6. Pastores *puerum* invenerunt et secum duxerunt.

21,3

1. petita sunt	petuntur	*petiverunt*	*petunt*
ducti sumus	*ducimur*	*duximus*	ducimus
deletae sunt	delentur	*deleverunt*	*delent*
lectus est	legitur	legit	*legit*
gestum est	*geritur*	*gessit*	gerit
missa es	mitteris	misisti	*mittis*
laudatae estis	*laudamini*	*laudavistis*	laudatis

21,4 Hercules regi Eurystheo salutem dicit. Tu me incolas a leone liberare iussisti. Parui. Veni, vidi, vici. Leonem necavi. Sed tibi nuntio et clavam et gladium in pugna fractos esse. Incolae mihi gratias egerunt. Corium leonis tibi apporto. Vale!

Herkules grüßt den König Eurystheus. Du hast mir befohlen, die Einwohner vom Löwen zu befreien. Ich habe gehorcht. Ich kam, sah und siegte. Den Löwen habe ich getötet, aber ich melde Dir, daß sowohl meine Keule als auch mein Schwert im Kampf entzweigegangen sind. Die Einwohner haben mir gedankt. Das Löwenfell bringe ich Dir mit. Leb wohl!

22,1 1. multi – parva – dominus – ignota – fugitivus – vacuum – antiquum – vicini – ligneum – callidus – sacra.

22,2 1. In curia, quae prope rostra sita est, senatores orant. 2. Sacerdos monstrat amico magnos et parvos equos, quos habet.

22,3

mater	removere
amicus	ager
libertas	carmen
senatores	spectatores

22,4

(Menschen)	(Gegenstände)	(Bewegung)	(Größenangaben)
filius	penna	venire	parvus
filia	arma	intrare	magnus
dominus	tabula	volare	multi
domina	tabella	visitare	altus
victor	tuba	ambulare	longus
orator	flos	considere	cuncti
amicus	malum	ascendere	plenus
puella	toga	agere	minime
puer	mensa	trahere	paulo
familia		fugere	nihil
miles		equitare	longitudo
avunculus		appropinquare	immensus
conviva		properare	
medicus		migrare	
agricola		concurrere	
proletarius		descendere	
imperator		adducere	
pastor			
pater			

23,1 1. Hercules nos adiuvet. 2. Dea oppidum servet. 3. Amicos visitemus. 4. In Labyrintho Minotaurus custodiatur.

23,2

1. wissen	nicht wissen
lesen, sammeln	vernachlässigen, nicht beachten
Freund	Feind

2. ne-, ne(g)-, in- .

3. inattentus – unaufmerksam
impiger – fleißig, tätig
pius – gottesfürchtig, fromm
ingratus – undankbar
cautus – vorsichtig

23,3 Herkules sucht die goldenen Äpfel der Hesperiden

Eurystheus: Herkules soll herkommen! – Höre, Herkules! Ich habe für dich eine schöne neue Aufgabe gefunden: Bring mir die goldenen Äpfel der Hesperiden! *Hercules:* Was für Hesperiden? Wo wohnen sie? Wo soll ich die goldenen Äpfel finden? *Eurystheus:* Die Hesperiden sind Töchter des Gottes Atlas. Sie wohnen am äußersten Rand der Erde. Ein böser Drache bewacht den Garten der Hesperiden, in dem sich die Äpfel befinden. *Hercules:* Oh, was für eine schöne Aufgabe! Hoffentlich finde ich die Hesperiden! Und was ist mit dem Drachen – soll ich die Bestie fangen? Töten? Herbeibringen? Wie hättest du es gern, König?

Hercules: (Wandert durch die Länder. Nach vielen Tagen kommt er zu Atlas am äußersten Rand der Erde.) Guten Tag, Atlas! Ich bin Herkules, Jupiters Sohn. König Eurystheus hat mir eine schwere Aufgabe übertragen: Er hat mir aufgetragen, ihm die goldenen Äpfel zu bringen, die im Garten deiner Töchter behütet werden. Bitte, Atlas, hilf mir, bring mir die Äpfel! Denn der böse Drache schreckt mich. *Atlas:* Siehst du denn nicht, daß ich den Himmel auf dem Kopf trage? Ich kann mich nicht von der Stelle bewegen. *Hercules:* Ich werde den Himmel ein Weilchen für dich tragen. Minerva soll mir dabei helfen! *Atlas:* Einverstanden! (Kommt etwas später mit den Äpfeln.) Da sind die Äpfel! Aber ich bin froh, daß du den Himmel für mich trägst. Denn ich werde den Himmel nicht mehr tragen. – Leb wohl, Herkules! *Hercules:* Höre, Atlas: Bleib noch! Ich werde den Himmel für dich tragen, aber laß mich vorher noch ein Kissen auf den Kopf legen. Während ich das mache, trag den Himmel eine Zeitlang! (Atlas übernimmt wieder den Himmel.) *Hercules:* Mach's gut, Atlas! (Verschwindet schnell mit den Äpfeln.)

24,1 1. Marcus Luciusque in horto semper ludunt. In arbore parvam casam ligneam aedificaverunt.

24,2 2. 1. Incolae *Cretae* insulae magnos *fluctus timebant, qui* saepe magna *vi portus*, naves, *domos* in litore sitas delebant. 2. Et Graeciae et Asiae *civitates* regi insulae *parebant* magnaque tributa *solverunt*.

24,3 Volemus medias per vias!

24,4

Montanindustrie – mons	Solarenergie – sol
Artist – ars	Navigation – navis; navigare
Klausur – claudere (clausus)	zivil – civis
maritim – mare	urban – urbs

25,1 moneam; laudem; lavem; regerem; tangerem; solverem; appellam; moveam; fugiam; teneam; dem; amarem; vocem; ignorem; des; faceres; pares.

25,2 1. Midas optavit, *ut sua manu aurum faceret. (*Akk.Obj.*)* 2. Rex imperavit, *ut cena opulenta apportaretur. (*Akk.Obj.*)* 3. Bacchus, *ut gratias ageret,* Midae praemium dedit. (adv.Best.) 4. Midas auxilium a deo Baccho petivit, *ne fame necaretur. (*adv. Best.*)*

25,3 1. Silenus, *quod vinolentus erat,* in horto dormiebat. 2. Midas, *ut hospitem gaudio afficeret,* dies festos egit. 3. Midas, *quod de vita sua timebat,* oravit, ut a dono dei liberaretur. 4. *Quod Midas in flumine Pactolo saepe lavabat*, magna copia auri ibi inventa est. 5. Comites Sileni optabant, *ut Silenus adesset.* 6. Daedalus pennas ceramque collegit, *ut alas faceret.* 7. Minos Daedalum in insula retinebat, *ut multa et pulchra aedificia faceret.*

26,1 Einzusetzen sind: 1. nos; eis 2. se 3. eos 4. eas 5. earum

26,2 1. balneas 2. vestes 3. aqua frigida 4. Ostia 5. oleum vinumque 6. leones 7. portus 8. magni fluctus

26,3 Tiberius dominus navis Quinto mercatori salutem. Si vales, bene est. Navigavi Alexandriam, ut iussisti. Vasa tua olei plena in horrea amici transportavi. Vinum in foro bene vendidi. Decem aureos accepi. Vale!

Kapitän Tiberius grüßt den Kaufmann Quintus. Wenn es Dir gut geht, ist es recht. Ich bin, wie Dein Auftrag war, nach Alexandria gesegelt. Deine mit Öl gefüllten Gefäße habe ich in die Speicher meines Freundes gebracht. Den Wein habe ich auf dem Markt gut verkauft. Ich habe zehn Goldstücke eingenommen. Auf Wiedersehen!

27,1

potuimus	possumus	*potuerunt*	possunt
possitis	*possetis*	possim	possem
prodessem	proderam	*prodessetis*	proderatis
prodestis	*proderatis*	prositis	prodessetis
proderas	*proderatis*	profuisti	profuistis
possum	*possim*	possunt	possint

27,2 posse: können; imstande sein; fähig sein; *vermögen; in der Lage sein.*
prodesse: einen Vorteil verschaffen; nützen; Nutzen bringen; *unterstützen; von Nutzen sein.*

27,3 1. Ea, *quae* dixisti, nobis valde placuerunt. 2. Postulamus agros ab iis, *qui* habent. 3. Eae res, *quas* narras, mihi iam notae sunt. 4. Ii agri, *quos* postulatis, Clusinorum sunt. 5. Ei anseres, *quos* Romani in templo alebant, Iunoni sacri erant. 6. „Id, *quod* legati vestri fecerunt, contra ius factum est."

27,4 *postquam* stellt die zeitliche Reihenfolge fest: erst die verlorene Schlacht, dann der Schrecken der Bürger zu Hause. *qui* bezieht sich auf das Heer, von dem schon im *postquam*-Satz die Rede ist. *nam* begründet, warum die Bürger so verzweifelt waren. *ubi* stellt das Ergebnis ihrer Überlegungen fest und führt zur Schlußfolgerung: Flucht in die Schutzburg. *ut* bezeichnet den Zweck der Sorge der Senatoren: die Verteidigung wenigstens der Burg.

28,1

lapidi – lapidem – lapide
ostio – ostia – ostiorum
oder ostiis – ostia – ostiis
adventus – adventui – adventum
agmina – agminum – agminibus
altitudinem – altitudine – altitudines
taurus – tauri – tauro
oder tauro – tauri – taurorum
portu – portus – portuum
oder portus – portus – portui
oder portibus – portus – portibus

frumentum – frumenti – frumento
numine – numina – numinum
oder numinibus – numina – numinibus
custodem – custode – custodes
clades – cladis – cladi
arte – artes – artium
oder artibus – artes – artibus
rerum – rebus – res
modi – modo – modum
oder modum – modo – modi

28,2 ea: die (Nom.Sg.f.); (mit) der; die (Nom. und Akk.Pl.n.)
clades: die Niederlage; die Niederlagen (Nom. und Akk.Pl.)
res: die Sache; die Sachen (Nom. und Akk.Pl.)
dominae: der Herrin (Gen.Sg.); der Herrin (Dat.Sg.); die Herrinnen
veni: komm!; ich kam
quae: welche (Nom.Sg.f.); welche (Nom.Pl.f.); welche (Nom. und Akk.Pl.n.)
fluctus: die Flut; der Flut; die Fluten (Nom. und Akk.Pl.)
ingrata: (die) undankbare; (mit der) undankbaren; (die) undankbaren (Nom. und Akk.Pl.n.)

28,3 Seefahrt/Handel: importare; insula; fluctus; litus; mare; nauta; navis; ostium; portus; transportare.
Staat: civis; curia; iudicium; ius; legatio; libertas; magistratus; rostra.
Militär/Krieg: circumvenire; clades; expugnare; gladius; hasta; imperator; invadere; legio; pax; sagitta; victoria.

28,4 Delirant Romani!

29,1

claudemus	claudimus	*clausimus*	*claudamus*
custodiet	*custodit*	*custodivit*	*custodiat*
retinebis	*retines*	retinuisti	*retineas*
neglegemus	*neglegimus*	*neglexims*	*neglegamus*
surgent	*surgunt*	surrexerunt	*surgant*
demonstrabo	*demonstro*	*demonstravi*	*demonstrem*
franget	*frangit*	fregit	frangat
ascendent	*ascendunt*	*ascenderunt*	ascendant
movebunt	*movent*	*moverunt*	*moveant*
dicam	dico	*dixi*	*dicam*

29,2 Ein gefährliches Abenteuer

Sabinus: Hast du nicht gehört, Cotta? Wir werden nach Britannien fahren. Caesar wird die britannischen Stämme besiegen; er wird das Römische Reich vergrößern. Wir werden ihre Städte erobern und große Beute machen. *Cotta:* Gehört habe ich es, Sabinus, aber ich freue mich nicht. Aus Ruhmsucht scheint der Feldherr die Gefahren dieser Fahrt zu übersehen. Unser Heer wird Gallien verlassen, obwohl unsere Feinde noch nicht überwunden sind. *Sabinus:* Du siehst doch immer Gefahren, mein lieber Cotta. Haben wir nicht oft die Gallier durch unsere Tapferkeit besiegt? Der Name "Rom" wird von den Galliern gefürchtet, und auch in Zukunft wird es so sein. Die Anführer der Gallier sind entweder im Kampf gefallen oder werden bald unsere Freunde sein. *Cotta:* Ich wünschte, du hättest recht! – Hast du anderes auch schon bedacht? Wer wird uns Schiffe bauen? Welche Häfen werden uns in Gallien zur Verfügung stehen, um das Heer auf die Schiffe zu verladen? Wie werden Soldaten und Pferde in Britannien aus den Schiffen an Land gehen können? Wird es denn auf dieser Insel überhaupt ausreichend große Häfen geben? – Siehst du, du weißt es nicht. Weiß es denn der Feldherr? *Sabinus:* Ganz sicher weiß er es oder wird es bald wissen, Cotta. Sei doch zuversichtlich. Unser Caesar wird sich um alles kümmern. *Cotta:* Ich hoffe, daß er es tut. Mögen die Götter uns beistehen!

29,3

1. Konjunktiv:	includat; implorem; nuntiem; neges; nominemus; prodessem; exerceremus; habeamus; mutent.
2. Konjunktiv und Futur:	recipiam; tradam; appelles; canam.
3. Futur:	scribent; suscipiet; expelletis; pervenies; negabis; offendes; curres; coget; habebimus.

30,1

zu *fortis:*	amici; animalis; columba; columbae; equi; mater; miles.
zu *celeri:*	bello; columba; columbae; milite; militi.
zu *infelices:*	amici; amicos; columbae; equi.
zu *omne:*	animal; aurum; bellum.

30,2 1. medium 2. constans 3. crudelis 4. fortis 5. iniustum 6. immortalis 7. impius 8. nobilis 9. ingens 10. immensum.

30,3 1. *clam* und *satis* gehören nicht zum Wortfeld Zeit. 2. *celeritas* und *ars* gehören nicht zum Wortfeld Gefühle. 3. *antiquus* und *nuntius* gehören nicht zum Wortfeld Stadt.

30,4

pes	animadvertere	terra
ala	videre	mare
caput	spectare	aqua
corpus	conspicere	insula
oculus	audire	mons
manus		fluvius
frons		flumen
		ripa
		litus
		planities
		fluctus
		oceanus
		nimbus

30,5

intellektuell – intellegere	mental – mens	sanitär – sanus
omnipotent – omnis/posse	monströs – monstrum	Mortalitätsrate – mortalis
moralisch – mos	Subventionen – subvenire	Schadstoffemission – emittere
Mutation – mutare	Hospital – hospes	Lokomotive – locus/movere

31,1

altus	*altior*	*altissimus*
brevia	breviora	*brevissima*
latis	latioribus	*latissimis*
crudeles	*crudeliores*	crudelissimi/ae/os/as
facili	*faciliori/e*	*facillimo/ae/a*
opulentus/a	opulentior	*opulentissimus/a*
durum	*durius*	*durissimum*
faciles	*faciliores*	facillimos
acre	*acrius*	*acerrimum*

felicia	feliciora	*felicissima*
misero	*miseriori/e*	*miserrimo*
timidus	*timidior*	*timidissimus*

31,2 „Quid faciam, *ut* auxilio deorum server? Optimum erit, *primum* aurum aliaque dona, *quae* Phaeaces mihi dederunt, in silva proxima condere, *ne* fures ea rapiant. *Deinde* ea parva via, *quae* de litore in oppidum proximum ducere videtur, procedam, *ut* incolas interrogem et cognoscam, *ubi* sim. *Ubi* ea cognovi, auxilium domini eius terrae implorabo, *ut* me in patriam reducat."

31,3 1. Ulixes de nave in mare *a Neptuno excitatum* cecidit. 2. Ulixes *timore bestiarum affectus* tamen sub arbore densa noctem egit. 3. Mane *magnis vocibus e somno excitatus* litus spectabat; puellas, quae pila ludebant, conspexit. 4. Nausicaa, filia regis eius insulae, virum *fluctibus ad litus iactum* benigne accepit eique auxilium promisit. 5. Ancillae *a Nausicaa iussae* ei vestes novas dederunt. 6. Tum Ulixes *a Minerva dea adiutus et per oppidum ductus* ad domum Alcinoi pervenit.

32,1

impedires	*impediveras*	*impedias*	*impediveris*
tolerarent	toleraverant	*tolerent*	*toleraverint*
reducerem	*reduxeram*	*reducam*	*reduxero*
iacerem	*ieceram*	*iaciam*	iecero
evaderem	*evaseram*	*evadam*	*evasero*
susciperent	*susceperant*	suscipiant	*susceperint*
admitteretis	admiseratis	*admittatis*	*admiseritis*
pervenirent	*pervenerant*	*perveniant*	*pervenerint*
offenderes	*offenderas*	offendas	*offenderis*
praeesset	*praefuerat*	*praesit*	praefuerit

32,2 1. *Si civitates Graecae me ducem creaverint,* exercitum in Asiam ducam. 2. Nobiles, *quos equus saevus deiecerat,* regi persuadebant, ne equum emeret. 3. Sed Alexander, *qui a patre severo vituperatus erat,* equo bono animo appropinquavit. 4. *Si equum domuero,* nonne mihi eum dono dabis, pater? 5. Mercator equum, *quem adduxerat,* regi placere cupivit. 6. Nobiles, *qui timore maximo affecti erant,* puerum equum sine timore conscendere viderunt. 7. *Si regem Persarum regno expulero,* nemo potentior me erit.

32,3

(Religion):	divinus; sacerdos; deus; dea; adorare; ara; numen; impius; pius; templum.
(Staat, Macht):	dominatio; ius; potens; iustus; rex; magistratus; consul; lex; regere; populus; senatus; senator.
(Verwandtschaft):	matrimonium; maritus; soror; uxor; frater; mater; pater; avunculus; gens; familia.

33,1

1. *perfecerint*	perfecerint	*perfecissent*	*perficiunt*
verterit	*verterit*	*vertisset*	vertit
exposuerint	*exposuerint*	exposuissent	*exponunt*
elegeris	*elegeris*	*elegisses*	*eligis*
deiecerint	*deiecerint*	*deiecissent*	*deiciunt*
tradiderint	*tradiderint*	tradidissent	*tradunt*
evaserit	evaserit	*evasisset*	*evadit*
scripserim	*scripsero*	*scripsissem*	*scribo*
expuleritis	expuleritis	*expulissetis*	*expellitis*
incluserimus	*incluserimus*	*inclusissemus*	includimus

33,2 1. *Si Ulixes specum non intravisset*, socii eius necati non essent. 2. *Si Ulixes in Ogygia mansisset,* dea eum immortalem fecisset. 3. *Nisi Phaeaces eum adiuvissent*, Ulixes numquam Ithacam pervenisset.

33,3 1. Nescio, quomodo Ulixes Polyphemum fefellerit. 2. Discipuli magistrum interrogant, quis Polyphemum vulneraverit. 3. Dic, quae dea virum infelicem servaverit! 4. Nescio, qui dei Mercurium ad insulam Ogygiam miserint. 5. Narra, quomodo Ulixes parva nave paene ad insulam Phaeacum pervenerit.

33,4 Tamen deus maris contra consilium omnium deorum virum infelicem punire constituit et magnos fluctus excitavit.

34,1 natanti – kausal: Weil der Delphin sein Tempo mäßigte, legte sich die Furcht des Jungen.
exspectantes – temporal: Während sie die Rückkehr des Freundes erwarteten, blieben sie am Ufer.
timentes – kausal: Weil sie um das Leben des Freundes fürchteten, weinten sie.
trepidantes et metuentes – kausal: Da sie um den Freund bangten, wollten sie nach Hause gehen.
desperantes – kausal: Weil sie nicht mehr auf Rettung hofften, liefen sie zu den Eltern.

34,2

prudens – stultus	privatus – publicus
iustus – iniustus	coram – clam
civis – hostis	utilis – inutilis
sinere – vetare	brevis – longus
mortalis – immortalis	facilis – difficilis
parvus – magnus	admittere – arcere
nox – dies	aequus – iniquus
adducere – removere	neglegere – curare

34,3 1. Die Ermordung seiner Gefährten durch Polyphem brachte Odysseus in Wut. 2. Polyphems Eintritt erfüllte die in die Höhle eingedrungenen Gefährten mit Schrecken. 3. Odysseus' Ankunft in der Heimat war für seinen Sohn Telemachus eine große Freude. 4. Die Annäherung des Delphins schlug die Jungen in die Flucht. 5. Schon vierzehn Jahre vor dem Vesuvausbruch hatte ein Erdbeben die Einwohner der Stadt erschreckt.

35,1

tollo	*tollebam*	tollam	*tollam*	*tollerem*	*sustuli*
aufers	auferebas	*auferes*	*auferas*	*auferres*	*abstulisti*
offerunt	*offerebant*	*offerent*	*offerant*	offerrent	*obtulerunt*
aufertis	*auferebatis*	*auferetis*	*auferatis*	*auferretis*	abstulistis

35,2
ferre: bringen; anbringen; auf sich nehmen; ertragen; fortreißen; führen; gewinnen; mitbringen; tragen; überbringen; überliefern; vorbringen.
afferre: anbringen; anfügen; aufbringen; beitragen; heranschleppen; herbeitragen; hinbringen; melden; mitbringen; überbringen; vorbringen.
auferre: wegbringen; wegtragen; beseitigen; davontragen; entfernen; forttragen; gewinnen; hinwegraffen; mitnehmen; rauben; wegnehmen.
conferre: zusammenbringen; zusammentragen; sammeln; beitragen; aufbringen.
offerre: anbieten; darbieten; entgegentragen; zur Verfügung stellen.
referre: zurückbringen; zurücktragen; berichten; melden.
tollere: aufheben; auf sich nehmen; aufrichten; aus dem Weg räumen; beseitigen; davontragen; entfernen; erheben; fortreißen; forttragen; hinwegraffen; in die Höhe heben; mitnehmen.

Horst Holtermann / Hans Baumgarten

IANUA NOVA

Neubearbeitung

2., veränderte Auflage

Lehrgang für Latein als 1. oder 2. Fremdsprache

Übungsheft

zu Teil I

von Helmut Schlüter und Kurt Steinicke

Vandenhoeck & Ruprecht

Vorwort

Verlag und Autoren sind einem öfter in Gesprächen und Zuschriften geäußerten Wunsch von Kolleginnen und Kollegen nachgekommen, ein Übungsheft zur Ianua Nova Neubearbeitung, Teil I (2. Aufl.), vorzulegen. Es ist ein Arbeitsheft für Schülerinnen und Schüler: Die Lösungen der Aufgaben werden ins Übungsheft geschrieben; nur die fünf zusammenhängenden Texte müssen auf ein Blatt oder ins Hausheft übersetzt werden.

Bei der Bezifferung der Aufgaben bezieht sich die Ziffer vor dem Komma auf die jeweilige Lektion, der die Übungen zugeordnet sind. Es wird jeweils der mit dieser Lektion erreichte Grammatik- und Vokabelstand vorausgesetzt.

Die Autoren haben sich um größtmögliche Vielfalt der Aufgabenarten und Aufgabenstellungen bemüht. Neben herkömmlichen Übungsformen zur Formen- und Satzlehre gibt es auch spielerische und scherzhafte Aufgaben. Im einzelnen werden z.B. vorgelegt:

- Übungen zur Formenlehre in verschiedenen Aufgabenformen;
- Übungen zur Satzlehre, wie Ergänzen und Einsetzen von Satzteilen, Bildung von Sätzen nach Satzmodell, funktionale Sprachbetrachtung, Semantik der Konnektoren, Austausch von Satzteilen, wie Akk. Obj. durch aci oder adv. Best. durch Adverbialsätze;
- Wortschatzübungen, wie Zusammenstellen oder Ergänzen von Wortfeldern; Erkennen der lateinischen Wurzel in Fremd- und Lehnwörtern;
- Textarbeit: fünf neue Texte, z.T. mit Interpretationsaufgaben; Übungen zur Textgrammatik;
- Rätsel, Scherzaufgaben, „Intelligenztests".

Erfahrene Kolleginnen und Kollegen werden aus der großen Anzahl der in Lehrbuch und Übungsheft vorgelegten Übungen eine wohlüberlegte Auswahl treffen, die Kenntnisstand und Interesse der Schüler berücksichtigt. Bereits Gekonntes braucht nicht immer wieder schriftlich geübt zu werden, und auch bei kleineren Kenntnislücken braucht nicht so lange auf der Stelle getreten zu werden, bis sie restlos geschlossen sind. Manchmal nützt es auch, eine Reserve von Übungen für spätere Wiederholung oder Überprüfung aufzuheben.

Liebe Schülerinnen und Schüler,

dieses Übungsheft wurde nicht nur für die gemeinsame Arbeit im Klassenraum geschrieben. Wenn eure Lateinlehrerin oder euer Lateinlehrer in der Schule nur mit dem Lehrbuch arbeitet, das ja auch Übungen zu jeder Lektion bringt, könnt ihr zu Hause selbständig mit diesem Heft arbeiten. Die Aufgaben sind mit den bis zur jeweiligen Lektion erworbenen Kenntnissen in Grammatik und Vokabeln ohne weitere Hilfen lösbar. Wer mehr lernen oder seine Leistungen verbessern will, wird im Übungsheft sogar viel lustigere Aufgaben finden, als er es vom „ernsten" Lehrbuch gewohnt ist. Viel Spaß und Erfolg wünschen euch

Verlag und Autoren der Ianua Nova Neubearbeitung

Inhalt

1

1,1 *Hier ist einiges durcheinandergeraten. Wenn du im Buch die Aufgabe* **D** *in Lektion* **1** *gelöst hast, wirst du schnell Ordnung machen können.*

	Das richtige Wort ist:
1. Viele Städte hatten früher eine *cista.*	....
2. Auf der *Persicum* rollen Tag und Nacht die Wagen.	....
3. Gaius und Cornelia gehen heute ins *porta.*	....
4. Da ist eben ein *fundamentum* vom Dach gefallen.	....
5. Markus beißt in den saftigen *tegula.*	....
6. Paula legt Cornelias neues Kleid in die *strata.*	....
7. Das *theatrum* eines Hauses darf nicht schief stehen.	....
8. Valeria öffnet den Besuchern die *murus.*	....

1,2 *Vervollständige lateinisch die Sätze.*

1. Filius, ancilla, dominus, ..., ...,

.... bilden die ....

2. Gaius wird beim Mittagsschlaf gestört und schimpft:

„ .... denn da so laut?"

3. Syrus klagt: „Die viele .... im Garten

.... mir gar nicht!"

1,3 *Hier stimmt doch etwas nicht! <u>Ein</u> Wort hinzugefügt oder gestrichen – und schon ist alles wieder richtig. Schreibe das Wort auf, das du hinzufügen oder streichen willst.*

	hinzufügen?	*streichen?*
1. Valeria dominus est.	....	....
2. Cornelia currit et vincit. Cornelia dolet.	....	....
3. Valeria vocat, nam Paula audit et venit.	....	....

1,4 *Cornelia hat lateinische und germanische Vokabelkärtchen, aber sie sind völlig durcheinander. Bilde aus den Kärtchen Paare.*

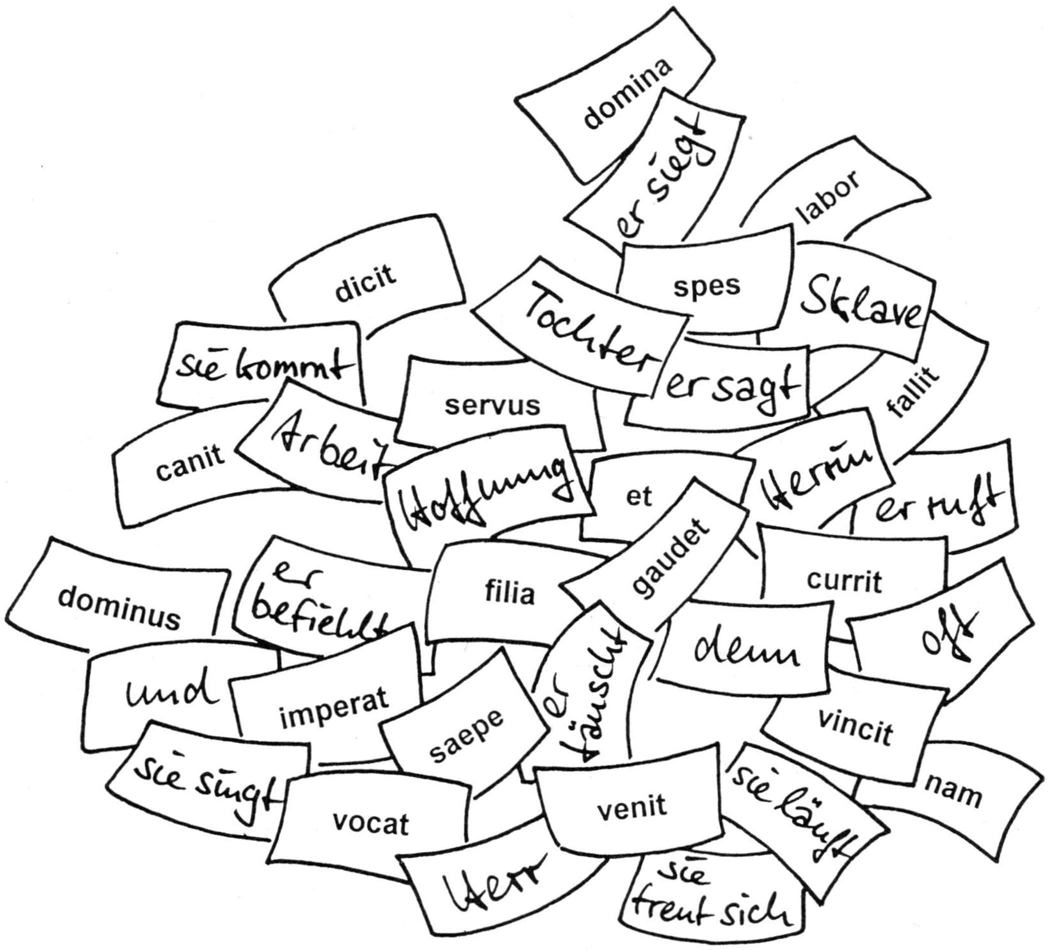

....

....

....

....

....

....

....

....

....

1,5 *In jede Reihe hat sich ein Wort eingeschlichen, das nicht hineinpaßt.*

Nenne es, und sage, warum es nicht paßt.

1. currit quis venit vocat fallit ....
2. vocat vincit imperat dicit ....
3. gaudet dicit dolet ....
4. servus ancilla Valeria labor filia dominus ....

2

2,1 *Hier hat der Schreiber aber einiges vergessen! Ergänze die Sätze, die noch nicht sinnvoll oder noch nicht vollständig sind, oder setze einen langen Strich, wo keine Ergänzung notwendig ist.*

Beispiele: Marcus <u>spem</u> amittit. Gallus Marcum———fugit.

1. Equus .... fugit.
2. Cornelia .... intrat.
3. Syrus .... apportat.
4. Gallus .... canit.
5. Paula .... laborat.
6. Dominus .... vituperat.
7. Valeria villam .... intrat.
8. Servus .... videt.
9. Syrus .... capit.
10. Filia .... gaudet.

2,2 *Einige Wörter sind durch das Sieb gefallen und liegen jetzt in der Vokabelschüssel. Setze sie wieder an ihren Platz. (Es bleiben viele Wörter übrig.)*

1. Gallus in .... fugit, nam Marcus .... terret.
2. Domina ....vituperat.
3. Tum Marcus ....apportat et .... vocat.
4. Sed gallus .... timet, non venit.

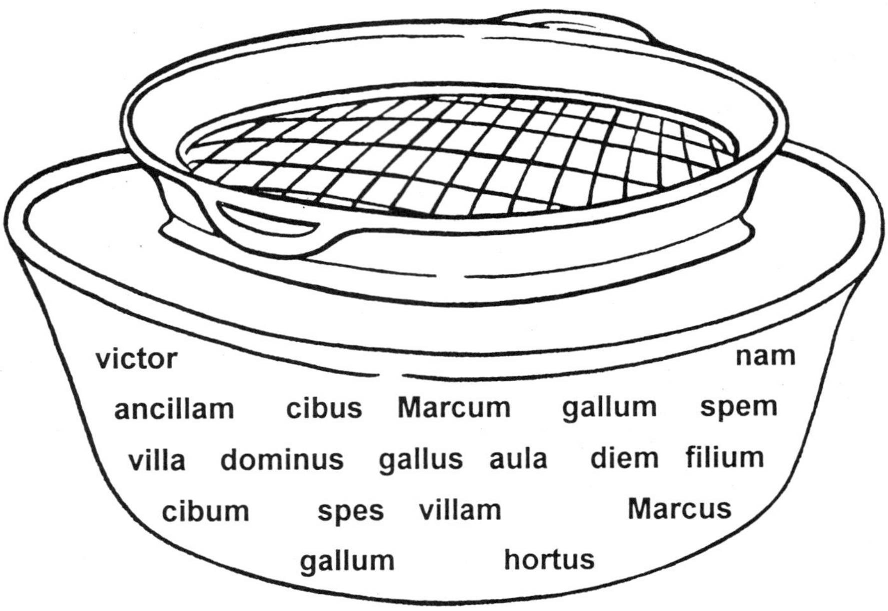

2,3 *Ordne nach möglichen Funktionen im Satz.*

aulam; volat; spem; gallus; per portam; amittit; in hortum; orator; equum; tum; saepe; cena; ad aulam; quo; placet; villa; victorem; labor; paret; domina.

Subjekt	....

....

Akk.Obj. ....

....

adv.Best. ....

....

Prädikat ....

....

2,4 amittit apportat laudat placet capit terret

placet *ist intransitiv und paßt deshalb nicht in die Reihe, weil alle anderen Verben transitiv sind.*

Auch in die folgenden Reihen hat sich je ein Wort eingeschlichen, das nicht hineinpaßt. Warum paßt es nicht?

1. gallus domina equus aula orator victor servus filia

....

2. villa ianua cena aula porta hortus

....

3. filius Syrus Gaius orator domina ancilla servus Valeria

....

3

3,1 *Bilde den Akkusativ.*

magna fenestra	....	parvus hortus	....
labor totus	....	spes una	....
orator bonus	....	servus unus	....
dies novus	....	amicus bonus	....
hora una	....	dies festus	....

3,2 *Die lateinischen Sätze sind noch nicht ganz fertig. Lies sie durch, und fülle die Lücken mit den Adverbien unten.*

1. Cornelia freut sich, daß alle zuhören. – Cornelia fabulam .... narrat.
2. Markus kommt mehrmals in der Woche. – Marcus amicum .... visitat.
3. Es ist Feiertag. – Gaius .... non laborat, sed deum ad aram adorat.
4. Der Herr ruft: „Wo bleibt mein Essen?" – Syrus currit, ... cenam apportat.
5. Cornelia ist niemals schlecht gelaunt. – Cornelia .... gaudet et canit.
6. Markus hat die Gartentür offengelassen. – .... equus in hortum currit.

saepe valde hodie semper statim ita libenter nunc tum

(Es bleiben Wörter übrig.)

3,3 *Aus dem „Wortbaukasten" kannst du Sätze bauen. Die Satzmodelle helfen dir dabei.*

Tip: *Suche zuerst nach einem passenden Prädikat. (Es bleiben keine Wörter übrig.)*

celebrat; Gaius; columbam; libenter; bonum; deum; per campum; oratorem; ambulat; cibum; portat; audit; saepe; parvam; devorat; ad amicam.

1. Gallus ....

Subjekt adv.Best. Akk.Obj. Attribut Prädikat

2. Marcus ....

Subjekt adv.Best. adv.Best. Prädikat

3. Orator ....

Subjekt Akk.Obj. Prädikat. Subjekt Akk.Obj. Prädikat

4. Cornelia ....

Subjekt Attribut Akk.Obj. adv.Best. Prädikat

3,4 *Stammtische der Funktionäre. –*

Ordne nach möglichen Funktionen im Satz.

unus
ita
ianuam
totum diem
valde
diem
nova est
tum
clamat
cibum
amica
per fenestram
campus
capit
salutat
malam
timet
statim

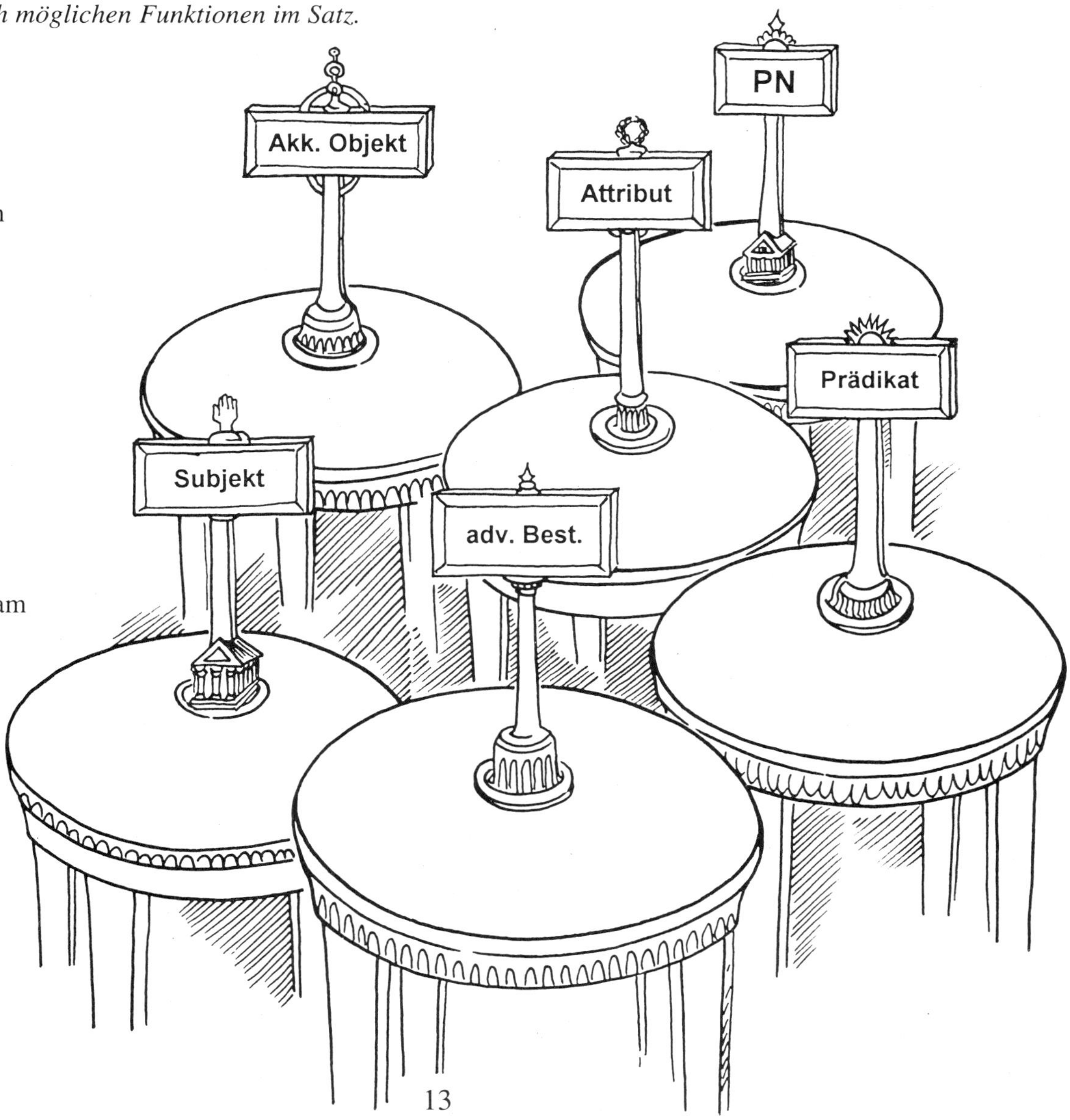

4

4,1 *Bilde den Plural.*

ridet; locum; iucunda ....

orat; rem; spectat ....

totam; parvus; orator ....

diem; victor; videt ....

fabula; fenestram; novus ....

4,2 *Aus den vorgegebenen „Wortbaukästen" kannst du Sätze bauen. Die Satzmodelle helfen dir dabei. (Es bleiben keine Wörter übrig.)*

	Subjekt	Attribut	Akk.Obj.	adv.Best.	Prädikat
1. a)	....	....	....	....	....
b)	....	....	....	....	....

magnas; equos; servi; per campum; trahunt; equi; in aulam; arbores; magnos; agunt.

2. a) Subjekt **et** Subjekt adv.Best. Prädikat (mit PN).

.... et ....

b) Subjekt adv.Best. Prädikat **,** Akk.Obj. Prädikat

.... , ...

venit; laeti sunt; hodie; amicae; Valeria; intrat; amici; per hortum; aulam.

4,3 1. *Nenne aus dem folgenden Text alle Wörter, welche die Sätze zu einer durchgehenden Handlung verbinden. Erkläre, was sie in diesem Satz bedeuten.*

1. Marcus et Lucius amici sunt. Amici Paulam vident et ad ancillam currunt. Nam amici libenter fabulam novam audiunt. – 2. Tum Cornelia et Iulia veniunt. Etiam puellae ancillam orant. – 3. Nunc Paula fabulam narrat. Statim liberi considunt et audiunt. – 4. Subito Gaius per hortum venit, Paulam videt, ianuam aperit, aulam intrat.

Beispiel aus 1: Nam amici libenter fabulam novam audiunt. *Nam* weist auf den Grund hin, *warum* die Freunde zu Paula laufen: Sie erwarten von ihr eine Geschichte.

....

....

....

....

....

2. *Was wird damit angedeutet, daß in* Satz 4 *die Teilsätze sehr kurz sind und ohne verbindende Wörter hintereinander stehen?*

....

....

4,4

Kleine Wörter – große Wirkung. Ergänze unter Beachtung der deutschen Vorgabe den lateinischen Satz aus der unten angegebenen Liste.

1. Syrus sagt: „Ich habe noch zu tun." .... fabulas non narrat.
2. Gaius befiehlt den Sklaven: „Holt erst Holz aus dem Wald!" .... servi equos in campum agunt.
3. Paula ruft die hungrigen Kinder zum Abendessen. .... Marcus et Cornelia in villam currunt.
4. Heute arbeitet niemand auf dem Feld. .... hodie dies festus est.

statim; ita; tum; nam; ibi; etiam; postea; sed; tandem; itaque; semper.

(Es bleiben Wörter übrig.)

4,5

Willst du wissen, warum Cornelia so gut gelaunt ist? Wenn du die Anfangsbuchstaben aller Plurale aneinanderreihst, weißt du es.

campos; in; oratores; equum; res; num; parva; narrant; dominam; equi; laetae; portat; valde; incitant; libenter; silva; amicas; fenestrae; equos; res; audit; altam; intrant; malam; amittunt; quem; spectant; deum; adorant; hora; videt; galli; spem; ita; ianuas; villa; tum; totas.

....

5

5,1 *Bilde den Infinitiv (Präsens Aktiv).*

ludunt; vincunt; agit ....

laborat; gaudent; audiunt ....

spectat; canunt; est ....

agunt; caedit; parent ....

salutat; veniunt; fugit ....

fallit; dicunt; sunt ....

5,2 *Es geht um mein und dein – und um sein und ihr.*

Beispiel: Cornelia amicam invitat. – Cornelia lädt *ihre* Freundin ein.

Übersetze ebenso :

1. Pater filium vocat. ....
2. Cornelia patrem orat. ....
3. Gaius servum cenam apportare iubet. ....
4. Gaius equum conscendit. ....
5. Mater filiam venire iubet. ....
6. Liberi patrem aegrotum esse dolent. ....

Wann unterläßt es der Römer, ein Possessivpronomen zu verwenden?

....

5,3 *Fülle die Satzstelle des Akk.Objekts durch einen* aci, *der durch eine adverbiale Bestimmung erweitert ist. Verwende dabei die deutschen Hinweise.*

Beispiel: Cornelia *amicam* videt. – (Die Freundin läuft zum Landhaus.)
Cornelia *amicam ad villam currere* videt.

1. Marcus Lucium videt. – (Der Freund kommt durch den Garten.)

....

2. Syrus gallum audit. – (Der Hahn kräht oft.)

....

3. Pater Marcum et Lucium videt. – (Die Jungen reiten oft über das Feld.)

....

4. Mater gaudet, nam equum videt. – (Das Pferd trägt Markus und Cornelia durch den Hof.)

....

5,4 *Aufmarsch der aci-Anhänger. – Stelle alle Verben, die einen* aci *als Akk.Obj. haben können, nach Sachgruppen zusammen.*

5,5 *Die Wortpaare sind durcheinandergeraten. Schaffe Ordnung.*

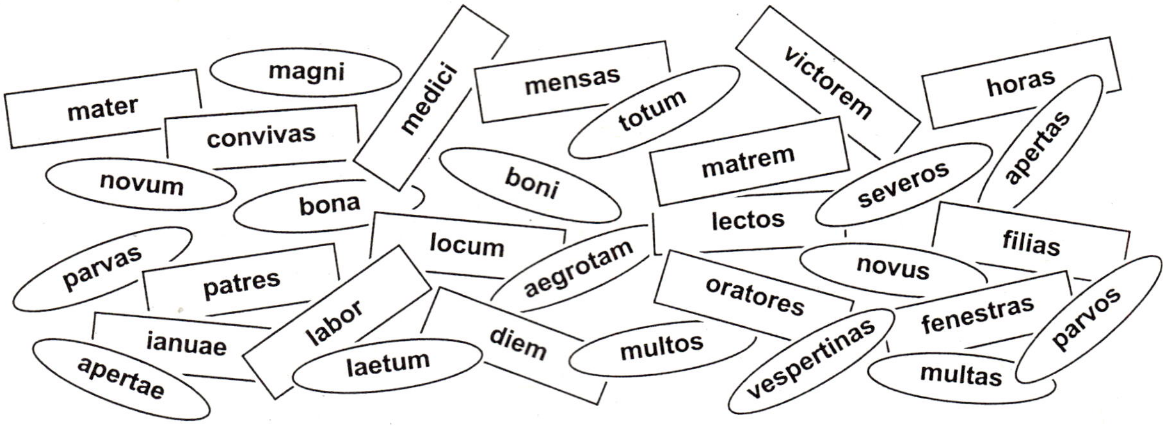

6

6,1 *Setze die Adjektive*

bono; longa; alios; parvo; aegrotis; alio; laetos; magnam; longis; cunctis; multos; aperta.

unter Beachtung der KNG-Kongruenz als Attribute zu den Substantiven.

puero	....	diebus	....	oratoribus	....
medico	....	hasta	....	liberos	....
venatores	....	laetitiam	....	flores	....
conviva	....	fenestra	....	fabulis	....

(Es bleiben keine Wörter übrig.)

6,2 *Immer diese Probleme mit „mit"! Trage hinter jedem Satz ein, welcher Ablativ (instr., soc., mod.) im Lateinischen stehen müßte.*

Beispiel: Mein Freund kam mit dem Auto. abl. instrumentalis

1. Ich erwarte dich mit großer Sorge. ....
2. Der Zimmermann befestigte den Balken mit langen Nägeln. ....
3. Der Filmstar kam mit einer großen Schar von Presseleuten. ....
4. Der alte Mann konnte nur noch mit einem Hörgerät hören. ....
5. Mit dieser Ausrede kannst du dich nicht entschuldigen. ....
6. Er hielt den Langlauf nur mit großer Mühe durch. ....

6,3 *Fremd- und Lehnwörter – kein Problem für Lateiner. Welche dir bekannten Vokabeln erkennst du in folgenden Wörtern?*

Beispiel: Im Wort „Diktat" erkennst du in Dik das Verb *dicere*. (Der Lehrer z.B. „sagt" etwas, das die Schüler mitschreiben sollen.)

Importkaufmann; Totalausverkauf; Arztvisite ....

Terrorist; salutieren; Videofilm ....

kapieren; Vokal; Vokabel ....

dominieren; Halbfinale; multikulturell ....

6,4 *Welches Wort hat sich verirrt? Begründe deine Antwort.*

appropinquare properare currere considere venire equitare

....

agere colligere facere dolere caedere incitare laborare

....

malus aegrotus severus tumulus vespertinus apertus

....

conspicere videre audire vocare spectare

....

res flores dies spes

....

7

7,1 *Setze in den Ablativ Sg. und Pl.*

agricola	decima	calor ....
dies	ludus	clamor ....
pater	flos	hasta ....
arbor	mater	aperta ....
vicus	fabula	res ....
tota	victor	conviva ....

7,2 *Sortiere alle Wörter, die Ablativ sind oder sein können, aus der rechten in die linke Kiste. (Es stehen keine Längenstriche.)*

Zutritt nur für Ablative !

cibis; portae; aula; victorem; hortus; hortis; amicam; victore; gallo; nova; malus; diebus; malis; qua re; fenestras; deo; diem; oratore; spe; venatore; fenestra; longas; longis; loco; feriae; locis.

7,3 *Der „Satzbaukasten" soll nach möglichen Funktionen im Satz sortiert werden.*

decima hora; agricolam; umbra; sub arbore; servos e campo venire; sedent; cum venatoribus; calor; e villa; cadunt; senatores in curiam properare; magnis; multos; in horto; cum conviva; alios; multae; spectatores; hasta; calore; colligit; consules rem publicam administrare; flores; parvo; celeriter; meridie; in circum; agunt; senatorem de re publica orare; longa; ex horto; longi; de tumulo; cum patre; in arborem; adsunt; tum; libenter; post meridiem; Romam.

Subjekt ....

....

Akk.Obj. ....

....

adv. Best. ....

....

Attribut ....

....

Prädikat ....

7,4 1. *Schreibe aus dem folgenden Text alle Wörter heraus, die Sätze sinnvoll miteinander verbinden. (Wörter, die Sätze oder Satzglieder miteinander verbinden, heißen* Konnektoren.*) Erkläre ihre Bedeutung im jeweiligen Satz.*

Gaius cum liberis in circum venit. Multi spectatores iam in circo sedent et clamant. Nam magna cum laetitia ludos exspectant. Tandem equi e carceribus[1] volant et currus[2] per arenam trahunt. Statim spectatores magno cum clamore equos et aurigas[3] salutant.

1 e carceribus : aus den Boxen   2 currus (Akk.Pl.): die Rennwagen   3 auriga : Rennfahrer

Beispiel: Gaius cum liberis in circum venit. Multi spectatores <u>iam</u> in circo sedent. Das *iam* verbindet den zweiten Satz mit dem ersten. Es weist darauf hin, daß viele Zuschauer schon <u>vor</u> Gaius' Ankunft in den Zirkus gekommen sind.

....

....

....

....

....

....

....

2. *Welche Konnektoren vermißt du im Satz* Servi equos, aurigas, currus ex arena trahunt*? Gib eine Erklärung für die ungewöhnliche Form des Satzes.*

....

....

....

7,5 *In die lateinischen Sätze sollen noch weitere Informationen gepackt werden. Sie stehen in den deutschen Sätzen in Klammern.* ***Tip:*** *Verwende Ablative mit oder ohne Präposition.*

Beispiel: Cornelia equum conscendit. – (Sie macht das im Hof.)
Cornelia equum in aula conscendit.

1. Gaius .... in circo considit.   (Die Kinder sind bei ihm.)

2. Spectatores ludos .... exspectant. (Sie sind sehr laut.)

3. Marcus aurigam[1] cadere .... videt. (Markus hat große Angst.)

4. Liberi simiam[2] in carro sedere .... vident. (Sie finden das sehr lustig.)

5. Meridie liberi .... fatigantur[3]. (Die große Hitze macht ihnen zu schaffen.)

6. Dominus et domina convivas .... delectant.

(Sie lassen ein gutes Essen auftragen.)

1 auriga : Wagenlenker   2 simia : Affe   3 fatigantur : „sie werden müde“

8

8,1 *Übersetze die Formen.*

iubemus	decimus	campus ....
visitamus	cena	apporta ....
hasta	specta	silva ....
voca	domina	ita ....
laudatis	colligitis	hastis ....
ambulatis	luditis	apertis ....
trahitis	laetis	canitis ....
collige	bene	(cum) consule ....
te	meridie	fuge ....
die	time	re ....

8,2 *Was ist denn das für eine komische Sprache? – Probier mal, ob du sie vielleicht doch verstehst, und schreibe den Satz „richtig“ auf.*

cons uless enat oressa epein curi amvoc an tetder epu blicac onsu lunt.

....

8,3

Consules	viros	Romanos	quotannis	in Campum Martium	vocant.
Subjekt	Akk.Obj.	Attr.	adv.Best.	adv.Best.	Prädikat

Setze ebenso unter folgende Sätze die Bezeichnungen der Satzglieder.

1. Consul cum collega rem publicam Romanam administrat.

....

2. Consul senatores saepe in curiam vocat.

....

3. Ibi de re publica orant et consulunt.

....

4. Decima hora Gaius cum liberis in circo considit.

....

5. Tum magna cum laetitia ludos exspectant.

....

8,4 *Schreibe die Übersetzung auf ein Blatt oder ins Heft.*

Cornelia et Iulia Syrum consulunt

CORNELIA: Romani viri sunt mali. Cur parvos pueros in Campo Martio adesse sinunt, sed feminas prohibent?

IULIA: Ita res Romanae sunt: Imperant semper viri, feminae parent. Iustum[1] non est!

CORNELIA: Tu, Syre, vir es bonus; tu multas res scis. Te interrogamus: Quid tu dicis?

SYRUS: Me scitis esse servum, non virum Romanum, puellae. De rebus Romanis dicere timeo. Sed multis in populis olim[2] feminas regnavisse[3] scio.

IULIA: Cur non etiam nunc feminae rem publicam Romanam administrant?

CORNELIA: Melius est[4], nam feminas bella[5] non amare constat. Feminae cuncta bella[5] finient[6].

SYRUS: Fortasse[7] finient[6], puellae.

IULIA: Tu, Syre, veni nobiscum in Campum Martium! Etiam nos consules, curiam, senatores videre cupimus.

SYRUS: Patrem prius[8] interrogare debemus, Iulia.

CORNELIA: Semper idem[9]! Imperant viri, feminae parent!

1 iustum : gerecht 2 olim : einst, in alter Zeit 3 regnavisse: übersetze : „regiert haben“ 4 melius est: „es wäre besser“ 5 bella (Akk. Pl.) : Kriege 6 finient: sie werden beenden 7 fortasse: vielleicht 8 prius (Adv.): vorher 9 idem: dasselbe

9

9,1 *Setze aus den Wörtern die richtige Form des Verbs ein.*

adiuvare; invitat; invitare; auditur; vocant; adiuvant; adiuvari; amant; amatur; vocatur; amat; interrogantur; interrogat; invitatur; inscribere; inscribunt; inscribuntur; leguntur; interrogant.

(Es bleiben viele Wörter übrig.)

1. Marcus a Lucio ad ludum ....
2. Semper magnus clamor in circo ....
3. Multi viri Romani proletarios a Catilina tantum .... dicunt.
4. Alii clamant: „Cicero populum Romanum ....“
5. Multae litterae in muris .... et ....
6. Multi litteras in muris ....
7. Candidatum viri Romani de re publica ....

9,2 *Alle Passivformen fallen durch das Sieb. Trage sie in die Schüssel ein.*

nominor; senator; interrogor; spector; spectator; vocor; clamor; invitor; vincor; victor; laudaris; pueris; liberis; aperis; caperis; oraris; videris; viris; fenestris; fatigaris; carris; prohiberis; curiis; curris; vexaris; ceteris.

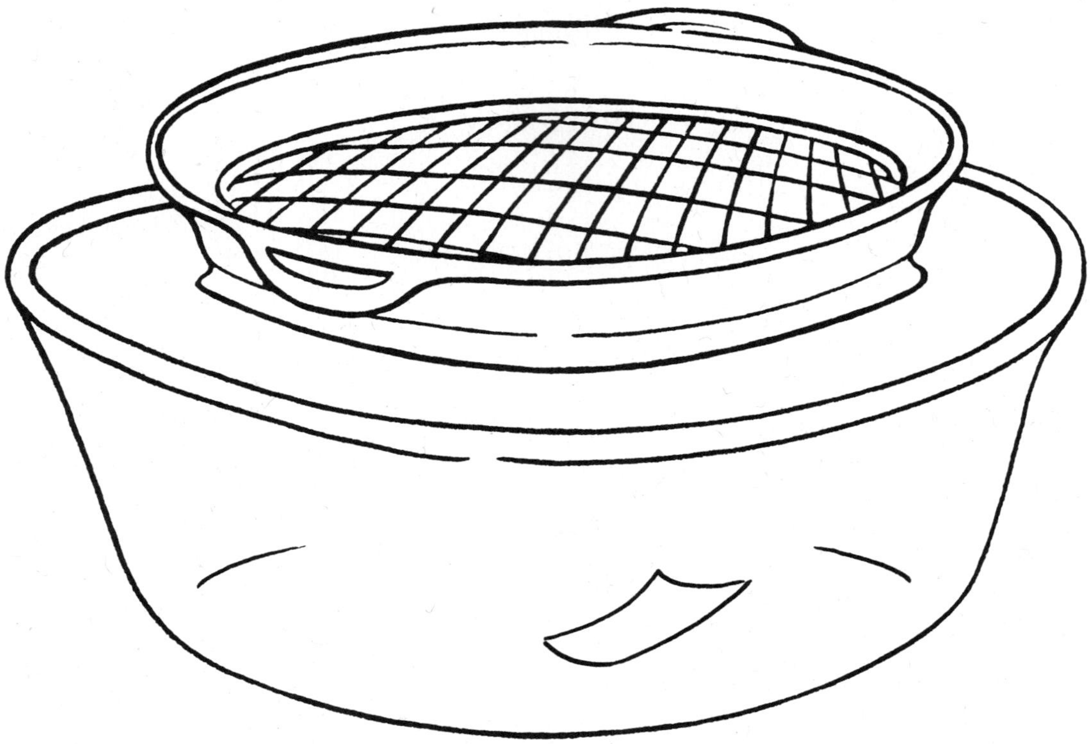

9,3 *Zu den folgenden Wortfeldern kennst du schon viele Vokabeln. Schreibe sie auf.*

Gutshof ....

....

Zeitangaben ....

....

Staat ....

....

Ortsbewegung ....

....

9,4 *Welches Wort paßt nicht in die Reihe? Begründe deine Antwort.*

1. femina Roma res publica collega familia mensa hasta

....

2. spectator senator orator consulor venator clamor victor

....

3. puella Paula domina Valeria columba Iulia ancilla

....

4. incitaris ageris audiris pueris ornaris caperis crearis

....

5. cadere ascendere currere fatigare appropinquare migrare properare

....

10

10,1 *Ordne nach Wortarten.*

duco; nostro; censeo; muro; candidato; consulo; viro; debeo; vestro; impero; subito; ignoro; meridiei; ducimini; domi; consuli; carri; duci; rei; vicini; administrari; publici; tibi; agi; clamori; pueri; mihi; parari; cui; finiri; patri; ibi.

Substantiv ....

....

Pronomen ....

....

Adjektiv ....

....

Adverb ....

....

Verb ....

....

10,2 *Hier sind wieder Lücken zu füllen. Du findest die entsprechenden Wörter unten.*

1. Gaius .... de re publica narrat.
2. Cornelia .... saepe orat: „Cur .... et .... non in Campum Martium ducis, pater? Duc .... Romam!“
3. Gaius dicit: „Laudo .... bonos. Nam .... bene consulunt.“
4. Multi viri Romani .... magno clamore salutant.

5. Alii clamant: „Senatores .... despoliant et .... decipiunt."

proletariis; nos; patri; rem publicam; consulibus; rei publicae; nos; Iuliam; liberis; consules; proletarios; patrem; me; candidato; proletarii; candidatum.

(Es bleiben Wörter übrig.)

10,3 Diu pugnatur. – Man kämpft lange.

Übersetze ebenso:

1. In aula luditur. ....
2. Dicitur. ....
3. Narratur. ....
4. Sub arbore considitur. ....
5. Tumulus ascenditur. ....
6. Arena purgatur. ....
7. Mane surgitur. ....

10,4 *Ein Silbenrätsel*

1. A Marco valde amatur. ....
2. Subito aulam intrat. ....
3. Quando labor finitur? ....
4. Corneliae laetitiam parant. ....
5. Quando pater liberos in circum ducit? ....
6. Quid equi ad aulam trahunt? ....
7. Carrum per arenam trahit. ....
8. Ibi Gaius die festo deum adorat. ....

a a ad ar bae bo ca co cu di e em lum lus lus
mag me me nas par pe post quus ram res ri rum sub Ti tus
ves vus vun *(Es bleiben keine Silben übrig.)*

11

11,1 *Dekliniere in allen Kasus und Numeri.*

imperator clarus	parva soror	dies novus	pater noster
....	....	....	....
....	....	....	....
....	....	....	....
....	....	....	....
....	....	....	....
....	....	....	....
....	....	....	....
....	....	....	....
....	....	....	....

11,2 *Bilde die Singularform(en) (der Kasus bleibt) zu*

sororum; dierum; pastores ....

annos; uxoribus; tabellis ....

candidati; collegas; consulum ....

res; agricolae; spectatorum ....

pueri; mensae; arborum ....

11,3 *Setze zu den Substantiven*

res	....	diei	....
acies	....	rei	....
spe	....	dierum	....

folgende Adjektive laut KNG-Kongruenz: longas novis festi novo parvae aperti magnae magnos nova festorum novi. *(Es bleiben Wörter übrig.)*

11,4 Prima hora diei. – Die erste *Tagesstunde.*

Übersetze ebenso durch ein zusammengesetztes Wort (Kompositum).

labor servi .... dies festus ....

fabulae liberorum .... hora vespertina ....

clamor puerorum .... ianua horti ....

11,5 *Ein Silbenrätsel*

1. Vitam parvorum hominum servat. ....
2. Filios suos non educat. ....
3. Mater non est, sed ut[1] mater agit. ....
4. Cum avunculo in Asia pugnat. ....
5. A pueris puellisque valde cupiuntur. ....

1 ut: wie

a ae de fe ius La lu Mars pa pe Pom ren ri ti us.

(Es bleiben keine Silben übrig.)

12

12,1 *Schreibe die Übersetzung auf ein Blatt oder ins Heft.*

Philodemus mercator Graecus merces[1] exponit[2]

Philodemus nauta Graecus ad multas terras insulasque navigat, nam mercator est. Navis[3] Philodemi mercatoris multas merces[1] capit. Saepe in Italiam navigat. Hodie Philodemus per Tiberim[4] fluvium navigat.

Navem[3] ad ripam fluvii appellit[5], servos multas et pulchras[6] merces[1] ad vicum Gai apportare iubet. Marcus et Cornelia cum vicinis ad ripam currunt. Cornelia viros ignotos

1 merces (Akk.Pl.) : Waren 2 exponere: ausstellen, vorlegen 3 navis (Akk. navem): Schiff 4 Tiberim (Akk. Sg.): Tiber
5 appellere: anlegen lassen (am Ufer)
6 pulcher (Adjektiv; Gen. pulchri usw.) : schön

salutat interrogatque: „Salvete! Unde venitis? Quid nobis apportatis?“ Philodemus respondit: „Salve, puella! Venimus e Graecia, mercator sum. Multas res pulchras[6] vobis apportamus. Vocate patrem!“ Marcus patri mercatorem Graecum adesse nuntiat. Gaius statim venit. Mercator dominum salutat et merces[1] exponit[2].

Tunica acu picta[7] Corneliae valde placet. Patrem orat: „Nonne vides, pater? Eme[8] mihi tunicam[7]! Pulchra[6] est.“ Patri non placet. Tamen tunicam[7] emit[8]. Puella patri gratias agit. Sed Marcus frater dolet: „Semper idem[9]: Feminae cupiunt, viri parent.“

7 tunica acu picta: ein bunt besticktes Kleid 8 emere: kaufen 9 idem: dasselbe

12,2 *Schreibe aus dem Text alle* Attribute *heraus. Ordne sie nach Gruppen in die verschiedenen Kisten ein.*

Adjektiv	Substantiv (Apposition)	Gen. poss.

12,3 *Ein neuer olympischer Wettkampf, der Zehnsprung. Verwandle in die entsprechenden Kasus und Numeri. Das Beispiel erklärt dir die Spielregel.*

Beispiel: flos – flores – florum – floribus – flori – florem – flore – floribus – flores – flores – flos.

Die Wettkämpfer sind:

1. orator clarus ....

....

....

2. frater malus ....

....

....

3. dies festus ....

....

....

4. parva soror ....

....

....

5. conviva laetus ....

....

....

....

12,4 soror – frater. *Suche ähnlich die Entsprechung oder den Gegensatz zu*

ancilla	dominus	parvus ....
dolere	imperare	amittere ....
malus	magnus	amicus ....
mater	post	puer ....
interrogare	filia	scire ....

13

13,1 *Die Olympiade geht weiter. Die nächste Runde der Zehnspringer geht an den Start.*

Die Wettkämpfer sind diesmal:

1. puer laetus ....

....

....

2. mater bona ....

....

....

3. liber meus ....

....

....

4. flos pulcher ....

....

....

5. pater severus ....

....

....

13,2 *Frage lateinisch nach dem in Klammern angegebenen Satzglied.*

Beispiel: Mane Cornelia librum suum quaerit. (adv.Best.)
Quando Cornelia librum suum quaerit?

1. Magister tabulam Europae apportat. (Subjekt)

....

2. In circo equi carros trahunt. (adv.Best.)

....

3. Villa senatoris in tumulo sita est. (Attribut)

....

4. Titus miles ex Asia venit. (adv.Best.)

....

5. Marcus sororem in aula videt. (Akk.Obj.)

....

13,3 *Setze die fehlenden Attribute aus der unten angegebenen Liste ein.*

1. Liber .... pulcher est. Cornelia in libris .... libenter legit.

2. Vicinus equum .... quaerit. Syrus equum .... in horto .... videt.
Vicinum vocat. Vicinus equum .... ex horto .... agit.

3. Faustulus de vita .... non timet, sed lupae appropinquat. Ita vitam .... servat.

puerorum	sua	suum	Gai	suis	suum	Corneliae	vicini	domini	

(Es bleiben keine Wörter übrig.)

13,4 Gaius, Titus, liberi cum multis aliis iam in viis stant, triumphum imperatoris et militum exspectant. Interea copiae in Campum Martium coguntur. Tum a Campo Martio triumphus per vias Romae ducitur. Post tubae canunt, triumphus spectatoribus appropinquat. Tandem cuncti „Io triumphe!“ clamant.

Welche Wörter (Konnektoren) gliedern den zeitlichen Ablauf des in diesem Text geschilderten Geschehens?

....

....

....

....

14

14,1 *Bilde die Perfektform.*

deliberamus	finiunt ....
rapis	aedificat ....
complemus	sum ....
monet	nescio ....
convocant	numeras ....
sunt	prohibent ....
finis	fatigat ....
veto	censet ....
es	cupimus ....
scit	aperimus ....

14,2 *Bilde die Präsensform.*

cupivisti	audivit ....
rapuerunt	monuisti ....
superavi	fuimus ....
vetuit	existimaverunt ....
ignoravisti	iurgaverunt ....
censuimus	finivi ....

14,3 *Ordne nach möglicher Verwendung als Satzglied. Es sind mehrfache Einordnungen möglich.*

libri; cupivi; mulieri; deliberavisti; mariti; heri; mei; docui; fratri; aciei; viri; domi; cuncti; cibi; veni; bonorum.

Subjekt ....

Attribut	....
Dat.Obj.	....
adv. Best.	....
Prädikat	....

14,4 *Ein Silbenrätsel*

1. Ira pleni domum migraverunt. ....
2. Post triumphum plenae militum sunt. ....
3. Quid victores magno cum labore ascendunt? ....
4. „Africa, Asia et · · · · · – Nescio, magister.“ ....
5. In oceano sita. ....
6. Ab avunculo ceterisque expugnatur. ....
7. Fratri non placuit. ....

a	a	ber	bi	Bri	Ca	Eu	li	mae	mu	nae	ni	ni	pa	pi	ri
Ro	ro	rus	Sa	Sy	ta	tan	to	um							

(Es bleiben keine Silben übrig.)

14,5 *Welche lateinischen Wörter erkennst du in folgenden Fremd- oder Lehnwörtern?*

Frust; liberal; Sozialdemokratie ....

Sakrament; minimal; Ignoranz ....

kontrovers; Navigation; Territorium ....

kurieren; prima; konservieren ....

15

15,1 *Stelle die Sätze sinngemäß richtig zusammen.*

1. Domina ignorat *caseum de fenestra cecidisse.*

....

2. Corvus videt *corvum in arborem volavisse.*

....

3. Vulpecula scit *vulpeculam sub arbore stare.*

....

4. Ancilla credit *corvum bestiam stultam esse.*

....

5. Vulpecula non ignorat *caseum in fenestra iacere.*

....

6. Corvus ignorat *ancillam caseum in fenestra posuisse.*

....

7. Vulpecula addit *corvum caseum e villa rapuisse.*

....

15,2 *Dekliniere im Sg. und Pl.*

soror vestra	leo saevus	nauta bonus
....	....	....
....	....	....
....	....	....
....	....	....

....	....	....
....	....	....
....	....	....
....	....	....
....	....	....

15,3 *Ordne nach Wortarten.*

ceteri; meridiei; fatigari; ludi; prohibui; cecini; posuisti; vestri; poni; incauti; excitari; cui; oculi; ibi; cecidi; socii; monui; audi; mulieri; mihi; veni; nesciri; docui; tibi; dolui; amici; amari; diei; multi; timori; timeri; tui; siti.

Substantiv ....

....

Adjektiv ....

....

Pronomen ....

....

Adverb ....

....

Verb ....

....

....

15,4 *Führe die Reihe zu Ende.* *Beispiel:* dominus dominum domini dominos

magister	magistri	magistri	....
doceo	docemus	docui	....
provinciam	provincia	provincias	....

salvi	salvo	salvorum	....
complevisti	complevit	complevistis	....
addere	addo	addidisse	....
pennae	pennae	pennarum	....
leoni	leonem	leonibus	....
parare	parari	parat	....

15,5 *Welche lateinischen Wörter erkennst du in folgenden Fremd- oder Lehnwörtern?*

Additionsmaschine; Konkurrenz; Nihilist ....

Sozietät; Quadrat; kontrovers ....

Extremist; Demonstrant; Korrespondenz ....

memorieren; glorifizieren; Militarismus ....

zensieren; Literatur; Feminismus ....

16

16,1 *Vervollständige die Tabelle.*

audio	audiebam	audivi
moneo	monebam	....
....	ponebatis	posuistis
condidunt	....	condiderunt
colimus	....	coluimus
....	....	afuisti
....	credebam	....
rapit	....	....
....	....	respondistis
....	quaerebant	....

16,2 *Setze die richtige Vergangenheitsform ein, und begründe deine Wahl.*

Beispiel: Romani diu patrem patriae deesse (dolere).
Romani diu patrem patriae deesse dolebant. (Imperf., wegen *diu*)

1. Subito Romulus Iulio Proculo senatori (apparere).

....

2. Diu Proculus in via (stare) et (tacere).

....

3. Tandem Romulus senatorem (advocare).

....

4. Postea Proculus populo Romano rem (narrare) et animos populi (confirmare).

....

....

5. Romani semper Romulum magno in honore (habere).

....

16,3 *Ein Silbenrätsel*

1. Viros Romanos in Campum Martium vocat. ....
2. Mater geminorum fuit. ....
3. A nautis Romanis valde timetur. ....
4. In triumpho ducuntur. ....
5. A Tito milite amantur. ....
6. Magnam pugnam finiunt. ....
7. Num patri patriae invidebant? ....

a a ba ber bi cap ce I li na nae nae nus o res Sa
se ta ti to tu vi

(Es bleiben keine Silben übrig.)

16,4 1. *Übersetze auf ein Blatt oder ins Heft.*

Lucius a bestia saeva terretur

MARCUS: Dic, Syre: Ubi est asellus noster? Neque in aula neque in horto asellum video. Num in silvam cucurrit?

SYRUS: Asellum ex aula cucurrisse existimo, Marce. Vide: Porta aulae aperta est. Asellus deest. – Quid dominus dicet[1]? Timeo dominum.

MARCUS: Pater asellum deesse ignorat. Veni mecum, Syre! Nos asellum in silva quaerimus.

LUCIUS: *(Magno in terrore accurrit.)* Vae! Occultate vos in villa cuncti!

SYRUS: Quid est? Cur times, Luci?

LUCIUS: Magnus leo in silva est et mihi insidias paravit. Audivi leonem clamare!

CORNELIA: Leones in silvis nostris non sunt. Leones in Africa vivunt. Quid times, Luci?

SYRUS: Venite mecum in silvam, liberi!

(In silvam veniunt.)

LUCIUS: Ibi leo mihi insidias paravit.

CORNELIA: Num te devoravit?

LUCIUS: Non me devoravit, sed …

LEO: I-AHH! I-AHH!

LUCIUS: Vae! Leo iterum appropinquat. Currite!

SYRUS: *(ridet)* Video leonem. Leonem nostrum non ignoro. Leo aures[2] aselli habet. Tu, leo! Veni nobiscum in aulam. Dominus te exspectat.

(Cuncti rident et cum asello domum migrant.)

1 dicet : er wird sagen 2 aures: Ohren

2. *Dieser Text und Text* **A1** *in Lektion* **15** *haben einen ähnlichen Inhalt. Worin unterscheiden sie sich in der äußeren Form und inhaltlich?*

....

....

....

....

....

....

....

17

17,1 *Ordne den Inhalt des Wortkastens nach Wortarten.*

lauda; clara; penna; antea; praeda; ita; da; libera; tua; serva; frustra; nostra; postea; venis; amicis; monuistis; stultis; deestis; reperis; mulieris; oneratis; patris; patriis; sacris; dolis; ignotis; ignoratis; militis; muris; spectatoris.

Substantiv ....

....

Adjektiv ....

....

Pronomen ....

....

Adverb ....

....

Verb ....

....

17,2 *In den folgenden Sätzen stehen die Satzglieder in ungewohnter Reihenfolge. Probiere trotzdem eine Übersetzung. Es geht!*

1. Convivae amici „Vale!“ dicunt.

....

2. Nautae amicum ad cenam invitavit.

....

3. Nobis paratis fabulis laetitiam.

....

4. Cur ibi tibi cibi quaesivisti non copiam?

....

5. Populi animi Romani a Romulo confirmantur.

....

17,3 *Ersetze jeweils eine adverbiale Bestimmung durch einen Gliedsatz aus dem untenstehenden Wortkasten. (Es bleiben keine übrig.)*

1. Amici propter[1] morbum ad cenam non veniunt.

....

2. Romani et Sabini tandem pugnam finiverunt.

....

3. Cicada hieme formicam oravit.

....

4. Tota familia sub vesperum aulam intravit.

....

5. Romulus timore populorum vicinorum murum aedificari iubet.

....

6. Mercatores Graeci sine timore ad Britanniam navigaverunt.

....

1 propter (m.Akk.) : wegen

quod hostes timet –	postquam laborem finivit –
ubi mulieres accurrerunt –	ubi cibus defuit –
quod oceanum non timebant –	quod morbo prohibentur

17,4 *Stelle alle dir bekannten Vokabeln zusammen, die zu folgenden Wortfeldern gehören.*

Substantive, die Menschen bezeichnen

....

....

....

Substantive, die Tiere bezeichnen

....

....

....

Wörter, die Denken und Wollen bezeichnen

....

....

....

Wörter, die zum Wortfeld Staat gehören

....

....

....

Wörter, die zum Wortfeld Militär gehören

....

....

....

18

18,1 *Ergänze die Reihe.*

nomen	nomini	nomina	....
forum	fora	poeta	....

recitamus	recitant	....	recitaverunt
maximi	....	hiemes	hiemem
templa	templis	....	templo
praebeo	....	....	praebuimus
mercatores	mercatoribus	mercator	....
dubitabatis	dubitate	....	dubita
novi	antiquus	inimici	....
adfuisti	defuisti	scis	....
dominos	dominas	....	sorores
antea	....	sine	cum

18,2 *Sortiere den Wortkasten nach Wortarten.*

rostra; maxima; tempora; antea; antiqua; dubita; opera; frustra; interea; ignora; ignota; pulchra; libera; ita; postea; littera; interdum; nondum; operum; sacrum; tum; temporum; cum; animum; absum; meum; sum; dum; militum; spectatorum; virum.

Substantiv	....
Adjektiv	....
Pronomen	....
Präposition	....
Adverb	....
Subjunktion	....
Verb	....

18,3 *Dekliniere im Sg. und Pl.*

opus maximum	carmen longum	nomen clarum
....	....	....
....	....	....
....	....	....
....	....	....
....	....	....
....	....	....
....	....	....
....	....	....
....	....	....

18,4 *Welche lateinischen Wörter erkennst du in folgenden Fremd- oder Lehnwörtern?*

poetisch	optimal	maximal ....
Tempo	Antiquariat	operieren ....
rezitieren	nominieren	Salto ....
konfirmieren	evakuieren	honorieren ....

18,5 *Zwei Sätze zum Knobeln.*

1. Pastores vicini geminorum malum avunculum punire narrant.

....

2. Gemini Martis dei et Iliae filiae avi[1] geminorum filii sunt.

....

1 avus, i m.: Großvater

19

19,1 *Die Zehnspringer trainieren wieder. Diesmal aber stehen andere Steine auf der Rennbahn.*

Als Wettkämpfer sind nur Gruppen im Plural zugelassen.

1. reges severi ....

....

....

....

2. civitates saevae ....

....

....

....

3. leges novae ....

....

....

....

4. senatores Romani *(Da kann der Wettkampf aber lange dauern, wenn die alle mitmachen!)*

....

....

....

....

5. *(Nämlich)* tempora longa ....

....

....

....

19,2 *Bezeichne in folgenden Sätzen die Satzglieder.*

Beispiel: Leges Romanae a populo dabantur.

S Attr. adv. Best. (logisches Subjekt) P

1. Aetate Romuli regis imperium populi Romani augebatur.

....

2. Populus Romanus regem ultimum, quod malus et severus

.... Konn.[1]................ Konn.[1].................

erat, e civitate pepulit.

....

3. Senatores plebi Romano libertatem rapere cupiebant.

....

1 Konn. = Konnektor

19,3 *Ergänze aus den unten angegebenen Silben („Silbenrätsel").*

1. Quid Brutus magna voce postulavit? „ .... !"
2. Romani Tarquinium propter .... pepulerunt.
3. Romani .... semper defendebant.
4. Senatores libertatem plebis saepe .... opprimebant.
5. Romani leges novas in .... collocaverunt.

am am ber bi bu con fo gem ges in le li li lis pel per
re ro su su ta ta te tem tra

(Es bleiben keine Silben übrig.)

20

20,1 *Zurück in die Vergangenheit! Aus* facis *wird* fecisti.

videtis	lego	vivere ....
gerimus	mittunt	dicere ....
capio	cupio	defendimus ....
metuit	iubes	venitis ....
additis	currere	vivimus ....
colere	vincunt	video ....
consulimus	desino	gerunt ....
pellit	stare	cognosco ....

20,2 *Bilde aus dem jeweils darunter stehenden Wortbaukasten Sätze. Die Satzmodelle helfen dir dabei. (Es bleiben keine Wörter übrig.)*

1. a) Subj. *ludis* Attribut Prädikat *et* Attribut Akk.Obj. Prädikat

....

1. b) Subj. Attribut Akk.Obj. adv.Best. *invenerunt.*

....

parvum	Troianorum	Troianos	in silva	puerum	Paris	
multos	pastores	interfuit	vicit			

2. a) Subj. Akk.Obj. Prädikat

....

2. b) *Servus* adv. Best. Akk.Obj. Prädikat

....

iussit	puerum	non necavit	quamquam regem metuit
Priamus	servum puerum necare		

20,3 *Keine Bange! Nur heran, liebe Leute!*

Erkläre die Bedeutung der Vorsilbe ad- *bei* adducere; adesse; advocare.

....

Versuche es auch bei addere; adorare; adiuvare; ascendere (= ad-scendere).

....

20,4 *Ein Wort in der Reihe verträgt sich nicht mit den anderen. Nenne es, und sage, warum es nicht zu den anderen paßt.*

1. quamdiu heri deinde dum raro paulo nondum postridie aliquando

....

2. mulier magister homo dux mercator uxor domina Valeria victoria Cornelia incola socius

....

3. leo vulpecula formica laus cicada asellus corvus lupa

....

21

21,1 *Bestimme in beiden Sätzen die Satzglieder.*

Decimo anno Graeci Troiam expugnaverunt. – Decimo anno Troia a Graecis expugnata est.

....

Verwandle ebenso ins Passiv, und bezeichne die Satzglieder.

1. Sacerdos Troianos severis verbis monuit. – ....

....

....

2. Sino portas oppidi aperuit. – ....

....

....

3. Omen malum Troianos timore complevit. – ....

....

....

21,2 *Ergänze ein passendes Akkusativobjekt (teilweise mit Attribut) aus den unten angegebenen Silben („Silbenrätsel").*

1. Tandem Sino .... ex equo liberavit.
2. Milites diu in equo sedebant et .... exspectabant.
3. Mercurius .... monstravit.
4. Postquam Paris .... rapuit, Graeci ad litus Asiae navigaverunt.
5. Priamus .... in Asia situm regebat.
6. Pastores .... invenerunt et secum duxerunt.

ar au dum e He le lum ma ma nam noc op pi pu re ros rum tem tos um vi *(Es bleiben keine Silben übrig.)*

21,3 *Ergänze die Reihe nach dem Muster.*

actus est	agitur	egerunt	agunt
petita sunt	petuntur	....	....
ducti sumus	....	....	ducimus
deletae sunt	delentur	....	....
....	(liber) legitur	legit	....
gestum est	....	....	gerit
missa es	....	misisti	....
laudatae estis	....	....	laudatis

21,4 *Herkules hat die erste Arbeit erledigt. Er schreibt Eurystheus einen Brief. Darin meldet er auch den Verlust seiner „Arbeitsgeräte". Leider hat eine Kralle am Löwenfell ein paar Löcher in das Pergament gerissen. Ergänze, und übersetze.*

HERC · · · · REGI EU · · · · · · O SALUTEM DICIT
TU ME · · · OLAS A · · · · E LIBERARE IUSSISTI
PARUI VEN · VID · VICI LE · · EM NEC · · · SED
TIBI NUNTIO ET CL · · AM ET · · · DIUM IN
P · · NA F · ACTOS ES · · INC · · · · M · HI GRATIAS
EG · · UNT CO · I · M LEONIS TIBI AP · · · TO VALE

Ein Punkt bedeutet einen verlorengegangenen Buchstaben.

....

....

....

....

....

....

22

22,1 *Suche anstelle des Relativsatzes aus den dir bekannten Vokabeln ein Adjektiv, das ihn als Attribut sinngemäß ersetzen kann.*

Beispiel : , qui valde delectantur – laeti

, quorum numerus magnus est – ....

, quae magna non sunt – ....

, qui a servis timetur – ....

, quae ignorabamus – ....

, qui fugit – ....

, in quo nihil est – ....

, quod ante multos annos fuit – ....

, qui prope habitant – ....

, quod ex arboribus factum est – ....

, qui stultus non est – ....

, quae opera sacerdotis sunt – ....

22,2 *Zwei Sätze zum Knobeln*

Der Computer ist abgestürzt. Nun sind die Wörter der Sätze durcheinander. Ordne sie neu.

1. curia in rostra sita orant quae prope senatores est.

....

2. sacerdos magnos habet et monstrat parvos amico equos quos.

....

22,3 filii soror – filia *Suche ebenso das gemeinte Wort.*

uxor patris .... in alium locum portare ....

ab amicis colitur .... ab agricolis colitur ....

a plebe Romana defenditur .... opus poetarum ....

in curiam vocantur .... in theatro sedent ....

22,4 *Führe die Spalten aus den dir bekannten Vokabeln weiter.*

homo	virga	movere	longitudo
mercator	liber	currere	parvus
mater	lectus	surgere	multi
....	....	....	....
....	....	....	....
....	....	....	....
....	....	....	....
....	....	....	....
....	....	....	....
....	....	....	....
....	....	....	....
....	....	....	
....	....	....	

23

23,1 *Tatsachen – Wünsche. Verwandle die Aussage in einen Wunsch oder in eine Aufforderung.*

Beispiel: Daedalus mihi multos annos servit. – Daedalus mihi multos annos serviat.

1. Hercules nos adiuvat. – ....

2. Dea oppidum servat. – ....

3. Amicos visitamus. – ....

4. In Labyrintho Minotaurus custoditur. – ....

23,2

1. *Übersetze.*

scire	nescire ....
legere	neglegere ....
amicus	inimicus ....

2. *Welche Vorsilben haben verneinende Bedeutung?*

....

3. Versuche aus dem dir bekannten Wort zu deuten.

attentus	inattentus	....	gratus	ingratus	....
piger	impiger	....	incautus	cautus	....
impius	pius	....			

23,3

Übersetze ins Heft oder auf ein Blatt.

Hercules mala aurea Hesperidum[1] quaerit

EURYSTHEUS: Hercules veniat! – Audi, Hercules! Novum et pulchrum tibi laborem inveni: Apporta mihi mala aurea Hesperidum!

HERCULES: Quae Hesperides? Ubi habitant? Ubi mala aurea inveniam?

EURYSTHEUS: Hesperides filiae Atlantis[2] dei sunt. In extremis terrae regionibus habitant. Draco[3] malus hortum Hesperidum, in quo mala sunt, custodit.

HERCULES: O laborem pulchrum! Utinam Hesperides reperiam! Et draconem[3] – bestiam capiam? Necem? Apportem? Quid cupis, o rex?

HERCULES: *(Per terras migrat. Post multos dies Atlantem deum in extrema terra convenit.)* Salve, Atlas! Hercules, filius Iovis, sum. Eurystheus rex mihi magnum laborem imposuit: Mala aurea, quae in horto filiarum tuarum custodiuntur, me apportare iussit. Oro te, Atlas: Me adiuva, apporta mala! Nam draco[2] malus me terret.

ATLAS:	Nonne vides me caelum[4] capite portare? Loco moveri mihi non licet.
HERCULES:	Ego caelum[4] paulisper[5] pro te portabo[6]. Minerva me adiuvet!
ATLAS:	Sit! *(Paulo post cum malis advenit.)* Ecce mala! Sed te caelum[4] pro me portare gaudeo. Nam ego caelum[4] non iam portabo[6]. – Vale, o Hercules!
HERCULES:	Audi, Atlas: Mane! Ego caelum[4] pro te portabo[6], sed sine me antea cervical[7] in caput imponere. Dum impono, porta caelum[4] paulisper[5]! *(Atlas rursus caelum[4] portat.)*
HERCULES:	Vale, Atlas! *(Celeriter cum malis effugit.)*

---

1 Hesperides (Gen.: Hesperidum) f.: die Hesperiden, drei Göttinnen, die am westlichen Rand der antiken Welt leben. 2 Atlas (Gen.: Atlantis): der Gott Atlas. Er trägt das Himmelsgewölbe. 3 draco (Gen.: draconis): Drache, große Schlange 4 caelum, i n.: Himmel 5 paulisper (Adv.): inzwischen; ein Weilchen 6 portabo: ich werde tragen 7 cervical (Gen.: cervicalis) n.: Kissen

24

24,1 *Markus und Lucius wollten in eine alte Mauer im Garten eine Inschrift meißeln, die ihre Taten rühmt. Sie haben aber zum Schluß so heftig mit Hammer und Meißel gearbeitet, daß ein Teil der Mauer herausgefallen ist. Setze die herausgefallenen Steine wieder an ihren Platz.*

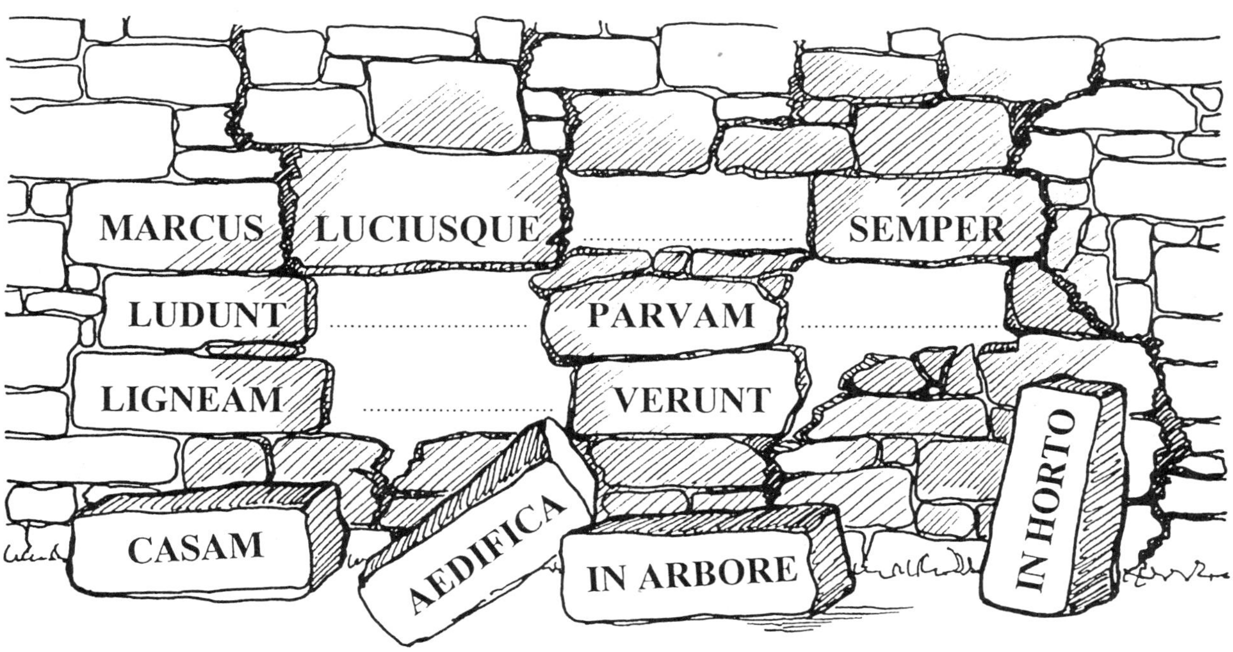

24,2 *Ergänze die Sätze aus den untenstehenden Wörtern.*

1. Incolae .... insulae magnos .... , ... saepe magna .... , naves, ... in litore sitas delebant.

2. Et Graeciae et Asiae .... regi insulae .... magnaque tributa ....

civitates	Cretae	domos	fluctus	parebant	portus	qui	solverunt	timebant	vi

(Es bleiben keine Wörter übrig.)

24,3 *Die ersten Buchstaben aller Wörter, die Akk. Pl. sind oder sein können, ergeben aneinandergereiht eine Aufforderung, welcher Ikarus besser hätte folgen sollen.*

sacerdos; volas; voces; femina; omina; oramini; legis; leges; aliam; exercitus; credas; montes; moves; habitas; uxores; suas; molliris; maria; incolae; fratris; extrema; domos; fabulam; virium; impios; regionem; aquas; tantam; socios; verbi; prima; domi; dormias; exercitus; res; victoris; viros; fatigas; incautas; petis; agros; stabula.

....

24,4 *Welche lateinischen Wörter erkennst du in folgenden Fremd- oder Lehnwörtern?*

Montanindustrie	....	Solarenergie	....
Artist	....	Navigation	....
Klausur	....	zivil	....
maritim	....	urban	....

25

25,1 *Sortiere alle Wörter, die Konjunktiv sind oder sein können, aus der rechten in die linke Kiste.*

Haus des Konjunktivs

moneam; utinam; statuam; laudem; lavem;

regerem; tangerem; solverem; optabam;

virgam; discebam; appellam; fugam;

moveam; fugiam; teneam; dem; amorem;

amarem; vocem; ignorem; des; ades; res;

faceres; pares; confectam; lavabam.

25,2 *In folgenden Sätzen kann ein Satzglied (z.T. mit Attribut) durch einen der untenstehenden Gliedsätze mit* ut/ne *ersetzt werden. Schreibe den so veränderten Satz auf, und stelle fest, welche Satzstelle der Finalsatz jeweils füllt.*

1. Midas multum aurum optavit. ....

....

2. Rex cenam opulentam imperavit. ....

....

3. Bacchus grato animo Midae praemium dedit. ....

....

4. Midas magno in timore mortis[1] auxilium a deo Baccho petivit. ....

....

1 mors, mortis f.: Tod

, ut gratias ageret	, ne fame necaretur
, ut sua manu aurum faceret	, ut cena opulenta apportaretur

(Es bleiben keine Gliedsätze übrig.)

25,3 *Beantworte die Fragen lateinisch; verwende* quod *oder* ut/ne *in der Antwort.*

Cur? *fragt nach dem Grund.* Quem ad finem *(wozu?)* ? *fragt nach dem Zweck.*

1. Cur Silenus in horto dormiebat?

....

2. Quem ad finem Midas dies festos egit?

....

3. Cur Midas oravit, ut a dono dei liberaretur?

....

4. Cur in Pactolo flumine magna copia auri inventa est?

....

5. Quid comites Sileni optabant?

....

6. Quem ad finem Daedalus pennas ceramque collegit?

....

7. Quem ad finem Minos Daedalum in Creta retinebat?

....

26

26,1 *Setze aus den untenstehenden Wörtern das richtige Pronomen ein.*

1. Liberi patrem orant: „Duc .... Ostiam!“ Pater .... oppidum portumque monstrat.
2. Nauta liberis .... saepe in Africam navigavisse multosque leones ibi vidisse narrat.
3. Marcus quaesivit: „Num .... cepisti Romamque misisti?“
4. Paula puellas vocat, ut .... in balneas ducat.
5. Paula, dum puellae in balneis ludunt, vestes .... custodivit.

eos	eius	earum	nos	eius	se	eas	te	sibi	vos	eis	eas	eum

(Es bleiben Wörter übrig.)

26,2 *Ein Silbenrätsel*

1. Liberi eas gratuito intrant. ....
2. A furibus saepe petuntur. ....
3. A Marco non amatur. ....
4. Ibi Gaius hospitem convenit. ....
5. Vasibus continentur et transportantur. ....
6. A spectatoribus clamore salutantur. ....
7. A nautis desideratur. ....
8. A nautis timentur. ....

a	a	as	bal	da	fluc	fri	gi	le	le	mag	ne	nes	ni	num	O	o	o
por	qua	que	stes	sti	tus	tus	um	ve	vi								

(Es bleiben keine Silben übrig.)

26,3 *Aus einem auf dem Meeresgrund liegenden römischen Schiff haben Taucher eine wasserdicht verschlossene Urne geborgen. Sie enthält einen Brief, von dem der größere Teil noch lesbar ist. Versuche den Rest zu ergänzen und dann zu übersetzen.*

TIBERIUS DOMINU · · · VIS QUINTO MERC · · · RI
SAL · · · M SI VA · ES BENE EST NAV · G · VI
ALEX · NDRIAM UT IUS · · · TI VAS · TUA OL · ·
PLEN · IN · ORREA AMIC · T · · NSPORTAVI
VIN · M · N FORO BEN · VENDIDI[1] DECEM
AUREOS[2] ACCE · I · ALE

1 vendidi: ich habe verkauft
2 aureus: Aureus (Goldmünze)

Ein Punkt bedeutet einen ausgefallenen Buchstaben. Hoffentlich hatte der Schreiber des Briefes eine glücklichere Heimfahrt als der Überbringer!

....

....

....

....

....

27

27,1 *Ergänze die Reihen.*

potuimus	possumus	....	possunt
possitis	....	possim	possem
prodessem	proderam	....	proderatis
prodestis	....	prositis	prodessetis
proderas	....	profuisti	profuistis
possum	....	possunt	possint

27,2 *Ordne die deutschen Ausdrücke den Verben* posse *und* prodesse *zu.*

können; einen Vorteil verschaffen; imstande sein; nützen; fähig sein; Nutzen bringen.

Suche selber nach jeweils zwei weiteren Übersetzungsmöglichkeiten.

posse	prodesse
....	....
....	....
....	....
....	....
....	....

27,3 *Setze das passende Relativpronomen ein.*

1. Ea, ... dixisti, nobis valde placuerunt.
2. Postulamus agros ab iis, ... habent.
3. Eae res, ... narras, mihi iam notae sunt.
4. Ii agri, ... postulatis, Clusinorum sunt.
5. Ei anseres, ... Romani in templo alebant, Iunoni sacri erant.
6. Galli clamaverunt: „Id, ... legati vestri fecerunt, contra ius factum est.“

27,4 Clusini, *quod* verba nihil profuerunt, statim legatos miserunt, *ut* auxilium peterent.

Die schräg gedruckten Wörter stellen als Konnektoren *die Teilaussagen in einen sinnvollen Zusammenhang:* quod *begründet, warum sie sofort Boten nach Rom schickten,* ut *weist auf den Zweck ihrer Botschaft: ein an die Römer gerichtetes Gesuch um Hilfe.*

Erkläre ebenso die Funktion der Konnektoren in folgendem Text.

Postquam exercitus Romanus, qui ante muros urbis Gallis se obiecerat[1], magna clade affectus est, cives terrore capti sunt. Nam senatus copias novas cogere non potuit. Cives, ubi muros tam parva manu defendi non posse intellexerunt, in Capitolium fugerunt. Senatores curaverunt, ut arx quidem defenderetur.

1 se obiecerat: „es hatte sich entgegengeworfen“

Konnektor	Funktion
....	....
	....
....	....
	....
....	....
	....
....	....
	....
....	....
	....

28

28,1 *Vorgänger und Nachfolger. – Wenn du in üblicher Reihenfolge deklinierst, ist z.B.* dominorum *der Nachfolger von* domini *und zugleich der Vorgänger von* dominis. *Der Abl. Sg.* domina *ist der Nachfolger von* dominam *und zugleich der Vorgänger des Nom. Pl.* dominae.

Schreibe zu den folgenden Formen Vorgänger und Nachfolger. Sind mehrdeutige Formen vorgegeben, entscheide dich selber für einen der möglichen Kasus und Numeri.

Vorgänger		*Nachfolger*	*Vorgänger*		*Nachfolger*
....	lapidem	....	....	frumenti	....
....	ostia	....	....	numina	....
....	adventui	....	....	custode	....
....	agminum	....	....	cladis	....
....	altitudine	....	....	artes	....
....	tauri	....	....	rebus	....
....	portus	....	....	modo	....

28,2 *Formen sind oft mehrdeutig. Übersetze alle Bedeutungen folgender Formen.*

ea ....

clades ....

res ....

dominae ....

veni ....

quae ....

fluctus ....

ingrata ....

28,3 *Ordne die folgenden Vokabeln drei Wortfeldern zu. Ermittle vorher die in Frage kommenden Wortfelder.*

circumvenire; civis; clades; curia; expugnare; fluctus; gladius; hasta; imperator; importare; insula; invadere; iudicium; ius; legatio; legio; libertas; litus; magistratus; mare; nauta; navis; ostium; pax; portus; rostra; sagitta; transportare; victoria.

28,4 *Die Anfangsbuchstaben aller Konjunktive ergeben aneinandergereiht einen berühmten Ausspruch eines großen Galliers.*

solent; dubitent; laudant; equitent; legem; legam; iam; imperarent; virgam; regem; regerem; procedunt; togam; ascendam; famem; finis; nomineris; pes; timeas; vides; serviris; respondeatis; praeclaris; onereris; invitas; intras; moneas; inveniris; invictis; amatis; ameris; cogis; duris; curaris; neglegaris; instruam.

....

29

29,1

manebo	maneo	mansi	maneam

Ergänze die Reihen nach dem gleichen Muster.

....	claudimus	....	....
custodiet	....	....	....
....	....	retinuisti	....
neglegemus	....	....	....
....	....	surrexerunt	....
demonstrabo	....	....	....
....	....	fregit	....
....	....	....	ascendant
movebunt	....	....	....
....	dico	....	....

29,2 *Zwei Offiziere aus Caesars Heer in Gallien,* Sabinus *und* Cotta, *diskutieren den Plan ihres Feldherrn, mit dem römischen Heer nach Britannien zu segeln. Übersetze ins Heft oder auf ein Blatt.*

Ein gefährliches Abenteuer

SABINUS: Nonne audivisti, Cotta? In Britanniam navigabimus. Caesar gentes Britannorum superabit; imperium populi Romani augebit. Nos oppida eorum expugnabimus, magnam praedam faciemus.

COTTA: Audivi, sed non gaudeo, Sabine. Imperator spe gloriae commotus pericula eius itineris neglegere videtur. Exercitus noster Galliam relinquet, quamquam hostes nondum superati sunt.

SABINUS: Semper tu pericula vides, mi Cotta. Nonne saepe Gallos virtute superavimus? Nomen Romanum a Gallis timetur et in futurum tempus timebitur. Duces Gallorum aut in pugnis ceciderunt aut mox amici nostri erunt.

COTTA: Utinam recte diceres! – Nonne et alia iam cogitavisti? Quis nobis naves conficiet? Qui portus in Gallia nobis erunt, ut exercitum in naves imponamus? Quo modo milites et equi e navibus in terram Britanniae descendent? Eruntne ea in insula portus satis magni? – Ecce, tu nescis. Num Imperator scit?

SABINUS: Certe scit aut mox sciet, Cotta. Sis bono animo. Caesar noster cunctas res curabit.

COTTA: Spero eum curaturum. Utinam dei nos adiuvent!

29,3 *Mit Futur und Konjunktiv haben es uns die Römer aber nicht leicht gemacht! Fast bei jeder Form muß man genau hinsehen und nachdenken. Sortiere aus dem Wortkasten alle Formen heraus, die Futur, Konjunktiv oder beides sind.*

scribent; recipiam; tradam; sperat; includat; suscipiet; miseriam; expelletis; implorem; morem; soles; pervenies; negabis; nuntium; nuntiem; pernicies; appelles; offendis; offendes; negas; neges; curas; mutant; curres; curiam; nominemus; canam; proderam; prodessem; exercemus; exerceremus; coget; habitamus; habebimus; habeamus; mutent.

Konjunktiv	Konjunktiv und Futur	Futur

30

30,1 *Setze zu den Adjektivformen*

fortis ....

celeri ....

infelices ....

omne ....

alle laut KNG passenden Substantive aus der folgenden Reihe.

amici; amicos; animal; animalis; aurum; bello; bellum; columba; columbae; equi; mater; miles; milite; militi. *(Es bleiben keine Wörter übrig.)*

30,2 *Suche anstelle des Relativsatzes aus den dir bekannten Vokabeln ein Adjektiv, das ihn als Attribut ersetzen kann.*

1. , quod neque primum neque ultimum est ....
2. , cuius animus non mutatur ....
3. , cuius in animo misericordia non est ....
4. , qui pericula non fugit ....
5. , quod aequum bonumque non est ....
6. , cuius vita finem non habet ....
7. , qui deos non colit ....
8. , quem multi homines cognoscunt ....
9. , quod longitudine vel latitudine omnia superat ....
10. , quod numerari non potest ....

30,3 *Welche zwei Wörter passen nicht in die Reihe? Begründe deine Antwort.*

1. aetas; mox; futurus; clam; noctu; saeculum; cottidie; primo; deinde; dum; satis; postridie; tempus; hora.

....

2. invitus; timidus; celeritas; ingratus; animus; benigne; crudelis; concordia; fides; ars; amicitia; iratus; gratus; propitius.

....

3. oppidum; murus; antiquus; moenia; curia; nuntius; circus; theatrum; taberna; urbs; forum; templum.

30,4 *Setze die Spalten sinngemäß fort.*

pes	animadvertere	terra
ala		mare
....	....	....
....	....	....
....	....	....
....	....	....
....	....	....
....	....	....
....	....	....

30,5 *Welche lateinischen Wörter erkennst du in folgenden Fremd- oder Lehnwörtern?*

intellektuell; mental; sanitär ....

omnipotent; monströs; Mortalitätsrate ....

moralisch; Subventionen; Schadstoffemission ....

Mutation; Hospital; Lokomotive ....

31

31,1 *Ergänze in gleichem Kasus und Numerus die fehlenden Formen der Steigerungsreihe. Wenn eine mehrdeutige Form vorgegeben ist, wähle KNG selber für die ganze Zeile.*

altus	....	....
....	breviora	....
....	latioribus	....
....	....	crudelissimos
facili	....	....
....	opulentior	....
durum	....	....
....	....	facillimos
acre	....	....
....	feliciora	....
misero	....	....
timidus	....	....

31,2 *Setze die unten aufgeführten Wörter passend in den Text ein.*

Ulixes a Phaeacibus in terra incognita (ut putabat) expositus deliberat:

„Quid faciam, ... auxilio deorum server? Optimum erit, aurum aliaque dona, ... Phaeaces mihi dederunt, in silva proxima condere, ... fures ea rapiant. .... ea parva via, ... de litore in oppidum proximum ducere videtur, procedam, ... incolas interrogem et cognoscam, ... sim. .... ea cognovi, auxilium domini eius terrae implorabo, ... me in patriam reducat.“

deinde	ne	quae	quae	ubi	ubi	ut	ut	ut

(Es bleiben keine Wörter übrig.)

31,3 *Füge die unten verzeichneten Satzglieder mit Partizip passend in die Sätze ein, und übersetze. Beachte dabei die gedankliche Fügung.*

1. Ulixes de nave in mare cecidit. ....

....

....

2. Ulixes tamen sub arbore densa noctem egit. ....

....

....

3. Mane litus spectabat; puellas, quae pila ludebant, conspexit. ....

....

....

4. Nausicaa, filia regis eius insulae, virum benigne accepit eique auxilium promisit.

....

....

....

5. Ancillae ei vestes novas dederunt. ....

....

....

6. Tum Ulixes ad domum Alcinoi pervenit. ....

....

....

a Nausicaa iussae – a Minerva dea adiutus et per oppidum ductus – fluctibus ad litus iactum – a Neptuno excitatum – magnis vocibus e somno excitatus – timore bestiarum affectus

(Es bleiben keine Satzglieder übrig.)

32

32,1 *Ergänze die Reihen nach dem Muster.*

perficeremus	perfeceramus	perficiamus	perfecerimus
impedires	....	....	....
....	toleraverant	....	....
reducerem	....	....	....
....	....	....	iecero
evaderem	....	....	....
....	....	suscipiant	....
....	admiseratis	....	....
pervenirent	....	....	....
....	....	offendas	....
....	....	....	praefuerit

32,2 *Hier sind Haupt- und Gliedsätze heillos durcheinandergeraten. Versuche, durch Tausch der schräg gedruckten Gliedsätze zu reparieren.*

1. *Qui timore maximo affecti erant*, exercitum in Asiam ducam.

....

....

2. Nobiles, *qui a patre severo vituperatus erat*, regi persuadebant, ne equum emeret.

....

....

3. Sed Alexander, *quos equus saevus deiecerat*, equo bono animo appropinquavit.

....

....

4. *Si regem Persarum regno expulero*, nonne mihi eum dono dabis, pater?

....

....

5. Mercator equum, *si civitates Graecae me ducem creaverint*, regi placere cupivit.

....

....

6. Nobiles, *quem adduxerat*, puerum equum sine timore conscendere viderunt.

....

....

7. *Si equum domuero*, nemo potentior me erit.

....

....

32,3 *Schreibe in die Kästen jeweils sieben weitere Wörter aus dem gleichen Wortfeld.*

divinus	dominatio	matrimonium
sacerdos	ius	maritus
deus	potens	soror

33

33,1 *Vervollständige die Tabelle nach dem Muster.*

laudaverim	laudavero	laudavissem	laudo
....	perfecerint	....	....
....	....	....	vertit
....	....	exposuissent	....
elegeris	....	....	....
deiecerint	....	....	....
....	....	tradidissent	....
....	evaserit	....	....
scripserim	....	....	....
....	expuleritis	....	....
....	....	....	includimus

33,2 *Die Bürger sollen den Gesetzen gehorchen. – Sie haben es aber nicht getan.*

Si cives legibus paruissent, urbs nostra potentissima esset.

Bilde ebenso den Bedingungssatz im Irrealis der Vergangenheit.

1. *Wenn Odysseus die Höhle* (specus,-us) *nicht betreten hätte,* socii eius necati non essent.

....

....

2. *Wenn Odysseus in Ogygia geblieben wäre,* dea eum immortalem fecisset.

....

....

3. *Wenn die Phäaken ihm nicht geholfen hätten,* Ulixes numquam Ithacam pervenisset.

....

....

33,3 Multas res in Asia vidisti. – Dic, *quid in Asia videris.*

Formuliere ebenso indirekte Fragen.

1. Ulixes Polyphemum dolo fefellit. – Nescio, quomodo · · · · ·

....

2. Polyphemus clamavit: „Nemo me vulneravit.“ – Discipuli magistrum interrogant, quis · · · · · · ·

....

3. Dea virum infelicem servavit. – Dic, quae dea · · · · ·

....

4. Dei Mercurium ad insulam Ogygiam miserunt. – Nescio, qui dei · · · · · ·

....

5. Ulixes parva nave paene ad insulam Phaeacum pervenit. – Narra, quomodo · · · · · ·

....

33,4 *Eine Botschaft aus dem Weltall?*

tamende usmariscon tracons iliumomni umde orumvi ruminf elicempu nirecon stitu itetma gnosfl uctu sexcit avit.

Oder hat nur der Druckfehlerteufel wieder einmal zugeschlagen?

Probiere trotzdem, den Satz richtig aufzuschreiben.

....

....

....

....

....

....

34

34,1 *Nenne die gedankliche Fügung (temporal, kausal, konzessiv) der Präsens-Partizipien in folgendem Text.*

Puer, postquam a delphino dorso sublatus est[1], animal velut monstrum timuit. Deinde timor paulatim minuebatur, delphino moderata celeritate natanti fidem habuit. Ceteri pueri reditum diu frustra exspectantes in litore stabant; de vita amici timentes flebant. Trepidantes et periculum metuentes domum petebant; sed tamen iterum in mare descenderunt, ut amicum exspectarent. Tandem cuncti de salute amici desperantes litus reliquerunt, ut parentibus rem narrarent.

1 sublatus est: er wurde emporgehoben

Partizip	gedankliche Fügung
....	....
....	....
....	....
....	....
....	....
....	....

34,2 odium – amor fortasse – certe

Nenne ebenfalls zu folgenden Vokabeln das Wort, das einen Gegensatz oder das Gegenteil bedeutet.

prudens	....	privatus	....
iustus	....	coram	....
civis	....	utilis	....
sinere	....	brevis	....
mortalis	....	facilis	....
parvus	....	admittere	....
nox	....	aequus	....
adducere	....	neglegere	....

34,3 ante Christum natum *(„geboren„, ein Partizip Perf.) übersetzen wir:*„vor Christi Geburt“.

Übersetze ebenso das Partizip durch ein Substantiv.

1. Socii a Polyphemo necati iram Ulixis commoverunt.

....

....

2. Polyphemus intrans socios, qui in specum[1] invaserant, terrore affecit.

....

....

3. Ulixes in patriam adveniens Telemachum filium magno gaudio affecit.

....

....

4. Delphinus appropinquans pueros in fugam dedit[2].

....

....

5. Iam quattuordecim[3] annis ante Vesuvum eruptum[4] terra mota incolas oppidi terruerat.

....

....

1 specus, us m.: Höhle 2 in fugam dare: in die Flucht schlagen 3 quattuordecim: vierzehn
4 eruptus: Partizip Perf. Pass. von erumpere: ausbrechen

35

35,1 *Vervollständige die Reihen nach dem Muster.*

fert	ferebat	feret	ferat	ferret	tulit
....	....	tollam	....	....	....
....	auferebas	....	....	....	....
....	....	....	....	offerrent	....
....	....	....	....	....	abstulistis

35,2 *Es gibt auch bei* ferre *viel mehr Übersetzungen, als im Wörterbuch stehen. Ordne die deutschen Wörter und Ausdrücke* ferre *und den Komposita zu.*

anbieten; anbringen; anfügen; auf sich nehmen; aufbringen; aufheben; aufrichten; aus dem Weg räumen; beitragen; berichten; beseitigen; bringen; darbieten; davontragen; entfernen; entgegentragen; erheben; ertragen; fortreißen; forttragen; führen; gewinnen; heranschleppen; herbeitragen; hinbringen; hinwegraffen; in die Höhe heben; melden; mitbringen; mitnehmen; rauben; sammeln; tragen; überbringen; überliefern; vorbringen; wegbringen; wegnehmen; wegtragen; zur Verfügung stellen; zurücktragen; zurückbringen; zusammenbringen; zusammentragen.

ferre ....

....

....

afferre ....

....

....

auferre ....

....

....

conferre ....

....

....

offerre

....

....

....

referre

....

....

....

tollere

....

....

....

Damit das Lateinlernen noch mehr Spaß macht, bieten wir an:

Jürgen Steinhilber

Rätsel

zu Ianua Nova Neubearbeitung.
2., veränderte Auflage;
16 Seiten und ein Lösungsblatt, kartoniert.

Das Heft enthält lustige lateinisch-deutsche und deutsch-lateinische Rätsel unterschiedlicher Art, z.B. Kreuzworträtsel, Silbenrätsel, ein Labyrinth, einen Rätselturm und eine Rätselblume. Latein- und Rätselfans kommen hier also gleichermaßen auf ihre Kosten.

ISBN 3-525-71010-0